AF537568

Jugendweihe

Die Komplettanleitung zum Erwachsenwerden

Wie du dich selbst kennenlernst und deine Persönlichkeit entfaltest, um Schritt für Schritt deine Ziele und Träume zu verwirklichen

Maximilian Wolters

Alle Ratschläge in diesem Buch wurden vom Autor und vom Verlag sorgfältig erwogen und geprüft. Eine Garantie kann dennoch nicht übernommen werden. Eine Haftung des Autors beziehungsweise des Verlags für jegliche Personen-, Sach- und Vermögensschäden ist daher ausgeschlossen.

ISBN: 978-3-969304709

Email: info@edition-lunerion.de
www.edition-lunerion.de

Psiana eCom UG
Berumer Str. 44
26844 Jemgum

Inhalt

Einleitung

Es kommt einmal die Zeit, da wird ein Kind zum Erwachsenen. Das geschieht nicht über Nacht, denn um erwachsen zu werden, muss sich der Körper des Kindes erst einmal weiterentwickeln und das Kind selbst muss jede Menge Dinge lernen und Erfahrungen sammeln. Das Erwachsenwerden ist demzufolge ein Prozess, welcher von Mensch zu Mensch unterschiedlich lange dauern kann. Es gibt Kinder bzw. Jugendliche, die sehr schnell erwachsen werden. Das kann einfach so sein oder durch die Umwelt der Person beeinflusst werden. Dann gibt es wiederum Erwachsene, die sich noch immer wie Kinder verhalten. Warum? Entweder ist es deren Natur oder sie haben manche Dinge nicht gelernt.

Das Erwachsenwerden ist demnach ein Prozess, der durch unterschiedliche Umwelteinflüsse und die eigene Persönlichkeit mit all den Vorstellungen und eigenen Wünschen zusammenhängt und welcher bei jedem unterschiedlich lange andauern kann.

Dieses Buch ist für alle Jugendliche, die schon bald Jugendweihe oder Konfirmation haben und somit einen wichtigen Meilenstein in ihrem Leben erreichen. Die nachfolgenden Texte sollen dabei helfen, sich auf wichtige Dinge einzustellen und sich darauf vorzubereiten. Außerdem geben sie Aufschluss darüber, was wirklich wichtig ist und man auch als Erwachsener noch braucht.

Wahrscheinlich hast du das Buch als Geschenk zu deiner Jugendweihe bekommen. An dieser Stelle schreibe ich meine Glückwünsche für dich nieder, denn eine spannende Zeit liegt hinter dir und eine herausfordernde Zeit vor dir.

Die darin enthaltenen Kapitel werden dir wichtige Informationen rund um all die Themen geben, welche zum Erwachsenwerden dazugehören. Ob Beziehungen, Geld oder die Wahl des Berufes – all das sind Dinge, die für dich nun immer mehr in den Vordergrund rücken. Du musst herausfinden, wer du bist, wo du stehst und wohin du möchtest. Wie das funktionieren soll, verraten dir die folgenden Seiten.

Wie du das Buch nutzt

Du erwartest gewiss eine ausführliche Anleitung, wie du das Buch nun nutzen sollst. An dieser Stelle kann ich dir sagen, dass du nicht länger warten musst. Du kannst direkt mit dem Lesen beginnen. Dafür musst du nicht einmal alle

Kapitel lesen oder brav mit dem Anfang des Buches beginnen. Wähle die Themen aus, welche für dich gerade am wichtigsten sind und zu welchen du etwas lernen möchtest. Jeder Mensch ist ein eigenständiges Individuum. So auch du. Und ich bin mir sicher, dass du sehr wohl dazu in der Lage bist, eine Wahl zu treffen.

Also dann: Worauf wartest du noch? Fange mit dem Lesen an und nimm deine Zukunft als angehender Erwachsener in die Hand, um deine Ziele zu erreichen und um dir deine Träume zu erfüllen.

Kapitel 1: Jugendweihe

WAS IST DAS?

Die Jugendweihe, jeder hat davon schon einmal gehört und wahrscheinlich stehst du gerade kurz vor deinem großen Tag oder hast ihn möglicherweise bereits erlebt. Doch weißt du auch, was Jugendweihe eigentlich ist und woher sie kommt? Jugendweihe ist ein Tag im Leben von Teenagern, der den Übertritt vom Jugendalter zum Erwachsenenalter darstellt. Von diesem Tag an werden sie als junge Erwachsene betrachtet. Von nun an dürfen sie Dinge, die ihnen bisher verwehrt blieben. Hinzu kommen aber auch neue Pflichten, denn diese gehören nun einmal zum Leben dazu.

Christliche Menschen feiern seit vielen Jahren die Konfirmation. Was aber ist mit all jenen, die dem christlichen Glauben nicht angehören? Seit über 150 Jahren gibt es für Menschen, die dem christlichen Glauben nicht angehören, das Ritual der Jugendweihe. Dieser Tag wird, wie eben kurz erwähnt, gefeiert, um den Jugendlichen einen Meilenstein zu bieten, nämlich den Eintritt ins Erwachsenenalter. Wenn das mal kein Grund zum Feiern ist! Immerhin wird der Schulanfang ebenfalls gefeiert. Wie du siehst, ist die Jugendweihe kein Restbestand aus der DDR, es gibt sie tatsächlich schon viel länger. Allerdings hat sich die Feierlichkeit an sich in der Zeit nach der DDR sehr verändert
Damit auch du die Unterschiede sehen kannst, will ich dir erläutern, wie die Jugendweihe zu DDR-Zeiten ablief.

DIE DDR UND DAS RITUAL DER JUGENDWEIHE

Fragte man damals Menschen aus Westdeutschland, was denn die Jugendweihe ist, so konnte man in fragende Gesichter blicken, denn bei ihnen war das Ritual fremd. Manche Menschen wissen auch heute noch nicht, was Jugendweihe bedeutet. Und sollte es doch so sein, dass diese schon einmal das Wort hörten, gehen sie davon aus, dass es ein Restbestand der DDR-Zeit ist. Solltest du mit Menschen aus dem ehemaligen Westdeutschland zusammentreffen, kannst du ihnen erklären, dass es die Jugendweihe schon viel länger gibt, genau genommen schon seit den 1850er Jahren.

1954 veränderte sich das Ritual enorm, denn die Jugendweihe wurde in dieser Zeit als eine Art Bekenntnis angesehen. Jeder, der an der Jugendweihe teilnahm, verkündete somit, dass er sich dem Sozialismus zugehörig fühlt. Ge-

rade einmal fünf Jahre später waren es bereits 80 % aller Jugendlichen, die an der Jugendweihe teilnahmen.
Man nutzte das Ritual der Jugendweihe zu DDR-Zeiten regelrecht aus, um Kinder und Jugendliche sozialistisch zu erziehen. Damals mussten die Jugendlichen ein Gelöbnis ablegen, welches sich an den „Arbeiter- und Bauernstaat sowie den Sozialismus" richtete und mit dem sie schworen, diesen treu zu dienen.

Das einst schöne Ritual wurde damals massenhaft aufgezwungen und beinhaltete das Parteidiktat. Dennoch gewann die Jugendweihe vor allem bei den Jugendlichen immer mehr an Beliebtheit. Immerhin bekamen sie einige Geldgeschenke. Schon allein aus diesem Grund nahmen die Jugendlichen das mit der Jugendweihe verbundene Gelöbnis hin. Sie haben schnell gelernt, dass sie das Angenehme nur bekommen, wenn sie auch das Unangenehme in Kauf nehmen.

In der DDR mussten die Jugendlichen zudem Jugendstunden absolvieren, welche sie auf den Tag der Jugendweihe vorbereiten sollten. Diese waren hauptsächlich von politischer Ideologie geprägt. Durch diese sollten die Jugendlichen auf die Anforderungen des Lebens vorbereitet werden. Während der Stunden genossen die Mädchen und Jungen demnach eine weltanschauliche und wissenschaftliche Bildung und wurden auch so erzogen.

Es blieb nicht aus, dass die Jugendweihe zu einem verpflichtenden Ritual wurde. Jene, die dennoch die Konfirmation feierten, wurden oft belächelt und hatten mit negativen Kommentaren zu rechnen. Zur damaligen Zeit galten die Konfirmanden als neue Freidenker, immerhin passten sie sich dem, was die Gesellschaft vorgab, nicht an.

Die Entwicklung der Jugendweihe ging jedoch noch etwas weiter. Je mehr Jahre vergingen, desto mehr wurde das Ritual zu einem Fest im Familienkreis. Im ehemaligen Ostdeutschland behielt man die Tradition weiterhin bei. Auch heute, wie du sicher weißt, feiert man noch immer die Jugendweihe.

Ursprung / Herkunft

In der Mitte des 19. Jahrhunderts gab es die sogenannte Märzrevolution. Zur damaligen Zeit gab es den Deutschen Bund, welcher von der Märzrevolution sowie auch weiteren Teilen Europas erfasst wurde. Damals gab es bereits bürgerlich freiheitliche Bestrebungen. Deren Ziel war es, einen demokratischen und einheitlichen deutschen Nationalstaat zu schaffen. Diese Bestrebungen waren der Antrieb der Revolution. Heute leben wir in einer solchen Demokratie.

In Deutschland wurden demzufolge die Weichen für eine freigeistige Bewegung gestellt. Die Zeit der Revolution war der Startschuss für viele freie Städte, in welchen es konfessionell ungebundene Schulen gab. Das Ziel war es, die Jugendlichen zu religionskritischen Persönlichkeiten mit liberalen Werten zu erziehen. Für viele Menschen und Familien war das Risiko jedoch zu gewagt. Die Kirche und die Obrigkeiten zwangen damals den Glauben auf, welcher nach so vielen Jahren nicht einfach so abgelegt werden konnte. Viele wagten es nicht einmal, an diesem zu zweifeln.

Trotzdem gab es einen Mann, der 1852 so viel Mut besaß, den Machtanspruch, welchen die Kirche damals hatte, in Frage zu stellen. Er setzte der Konfirmation die glaubensfreie Jugendweihe entgegen. Die Rede ist von Eduard Baltzer. Er stammt aus Nordhausen in Thüringen und gilt als Erfinder der Jugendweihe. Zur damaligen Zeit war die Jugendweihe jedoch eine Feier, die stattfand, wenn Jugendliche aus der Schule entlassen wurden.

Zwar wurde die Jugendweihe schon 1852 erfunden, trotzdem dauerte es noch bis zum Ende des Ersten Weltkrieges, bis diese als Alternative zur Konfirmation betrachtet wurde und sich durchsetzen konnte. 1889 wurden in Berlin die sogenannten weltlichen Schulentlassungsferien durchgeführt. Gleiches gilt für Hamburg und Erfurt, beides Städte, in welchen 1890 die ersten Schulentlassungsferien durchgeführt wurden. Jedoch galten diese noch nicht als Jugendweihe.

Besonders in Deutschland gewannen in der Zeit zwischen Erstem und Zweitem Weltkrieg die Freidenker immer mehr Einfluss. In dieser Zeit fanden starke demokratische Bewegungen statt. Wirft man einen Blick zurück, stellt man fest, dass vor allem die Freidenker viele Millionen Anhänger hatten. Mittlerweile hatte sich die Jugendweihe als Schulentlassung eingebürgert. Bis zu 20 % aller Jugendlichen, die als Schulentlassene galten, nahmen in manchen Städten an diesen Feierlichkeiten teil.

Wenn man einen Blick auf die Weimarer Republik wirft, stolpert man häufig über den Begriff der Goldenen 20er. Diese prägten einen neuen Geist, welcher nicht von langer Dauer war. In den 1930er Jahren nahmen die nationalsozialistischen Tendenzen immer mehr zu. Das wiederum führte dazu, dass Adolf Hitler 1933 zum deutschen Reichskanzler berufen wurde.

Wie wir heute wissen, haben die Nazis die Freidenker und die Jugendweihe weitestgehend unterbunden. Jugendweihen fanden erst wieder verbreitet statt, nachdem das Volk vom Faschismus befreit wurde. Erstmals fanden sie in der sogenannten Ostzone statt, wo sie von Freidenkern veranstaltet wurden. Zur damaligen Zeit war die Ostzone von der Sowjetunion besetzt. Später entstand aus dieser die DDR.

Leider kam es dazu, dass die Jugendweihe in der DDR von der sozialistischen Diktatur zweckentfremdet wurde. Dies galt auch für viele gesellschaftliche Rituale. Die damalige Regierung nutzte die Jugendweihe im ideologischen Sinne aus. Man sprach der Jugendweihe eine staatspolitische Bedeutung zu.

Werfen wir einen Blick auf die heutigen neuen Bundesländer, werden wir feststellen, dass die Jugendweihe wieder zur Selbstverständlichkeit geworden ist. Als Familienfest hat sie an großer Bedeutung gewonnen. Traurig ist, dass es auch heute noch die Annahme gibt, dass die Jugendweihe eine Hinterlassenschaft des Sozialismus sowie der ehemaligen DDR sei. Tatsächlich sind die Wurzeln der Jugendweihe viel weiter in unserer Geschichte verankert, nämlich bis hin zur bürgerlichen Revolution vor mehr als 150 Jahren.

Aktuell?

Als die Mauer zwischen Ost- und Westdeutschland fiel, erlangte die Jugendweihe eine ganz neue Tradition. Zudem stand sie politisch unter sehr hohem Druck. In vielen Schichten der Gesellschaft Deutschlands galt die Jugendweihe eher als verpönt, denn sie hatte immer noch den sozialistischen Stempel auf sich. Niemand wollte mehr etwas mit sich herumtragen, was mit dem maroden Staat zu tun hatte, von dem man sich doch gerade erst mühsam befreite.

Für die Jugendweihe gab es keine staatliche Förderung mehr und die öffentliche Anerkennung fehlte ebenso. Lehrern wurde untersagt, dass sie die Schüler auf die Jugendweihe vorbereiten. 1993 war es an staatlichen Schulen sogar so, dass die Jugendweihe komplett untersagt wurde. Gegenüber der Konfirmation wurden zudem viele Unterschiede gemacht. Jene Jugendliche, die konfirmiert wurden, erhielten einen freien Schultag, die Teilnehmer an Jugendweihen jedoch nicht.

Die neue Zeit, in der man seit dem Mauerfall lebte, brachte jedoch ein neues Freidenkertum, besonders in den neuen Bundesländern, mit sich. So kam es, dass sich viele engagierte Menschen immer mehr auf die Werte der freiheitlichen Jugendweihe besonnen. Die Bedeutung, welche die Jugendweihe für die Jugendlichen haben kann, rückte somit immer mehr in den Vordergrund.

Wenn wir die Jugendweihe heute betrachten, können wir feststellen, dass sie immer bedeutungsvoller wird. Bei einer Jugendweihe wird ein vielseitiges Programm auf die Beine gestellt. Außerdem wird eine festliche Rede gehalten, welche besonders für die Jugendlichen viele Ratschläge enthält.

Auch heute noch ist es so, dass die staatliche Unterstützung für Jugendweihen ausbleibt. Es ist daher erheblich, dass die Teilnehmer einen Beitrag für die Ausrichtung der Feierlichkeit leisten müssen.

Glücklicherweise gibt es heutzutage viele Anbieter, welche den festlichen Teil vorbereiten und durchführen. Sogenannte Formen der Jugendstunden gewinnen dabei immer mehr an Wichtigkeit. In diesen werden wichtige Themen behandelt, welche sich rund um den Weg vom Jugendlichen zum Erwachsenen drehen.

Die Bedeutung

Die Teilnehmer der Jugendweihe bestreiten an ihrem Tag symbolisch gesehen den Übergang vom Jugendalter zum Erwachsenenalter. Für viele ist dies einer der größten und wichtigsten Schritte, welche viel mehr Freiheiten, jedoch auch mehr Verantwortung mit sich bringen.

Durch die Jugendweihe werden die Jugendlichen auf eine Welt voller Selbstständigkeit und Verantwortung vorbereitet. Nach dem ganzen Hin und Her zwischen Erstem und Zweitem Weltkrieg sowie der DDR-Zeit wird die Jugendweihe heute wieder als solche betrachtet, wie sie einst vor 150 Jahren entstanden ist. Sie bringt freiheitliche Werte mit sich und bietet den teilnehmenden Jugendlichen jede Menge Orientierung auf ihrem Weg in die Zukunft der Erwachsenenwelt.

Die Teilnehmer sind meist zwischen 13 und 15 Jahre alt. Die Bestandteile der Jugendweihe sind die Vorbereitungszeit, Freizeitangebote und Bildungsangebote. Der wichtigste Teil ist jedoch der Festakt. Hier wird den Jugendlichen eine Urkunde überreicht, welche symbolisch den Schritt vom Jugendalter zum Erwachsenenalter festhält. Nach diesem Festakt findet in familiären Kreisen eine private Feier statt. Hier werden meist Familienangehörige sowie Freunde, wenn diese nicht gerade selbst Jugendweihe haben, eingeladen.

Zwischen März und Juni finden die Jugendweihen statt. Die Teilnehmer tragen festliche Kleidung, jedoch gibt es keinen vorgeschriebenen Dresscode.

Wer an der Jugendweihe teilnehmen möchte, muss sich dafür anmelden. Dafür gibt es viele verschiedene Veranstalter, beispielsweise „Jugendweihe Deutschland", welcher als der Größte zählt. Um sich anzumelden, reicht oftmals der Besuch einer Internetseite, wo man dann den Anmeldebogen ausfüllt. Andernfalls müssen sich die Eltern beispielsweise durch Zusammenarbeit mit der Schule darum kümmern.

Bei einem festlichen Akt bleibt es nicht aus, dass es Geschenke für die Hauptperson gibt. So ist es auch bei der Jugendweihe der Fall. Es folgt eine Liste mit möglichen Geschenken:

- Bücher
- Gutscheine
- Geld
- Blumen
- Kleidung
- Fotoalben
- Reisegutscheine

Kapitel 2: Das Erwachsenenleben

Neue Herausforderungen

Für Kinder sind die Erwachsenen gute Vorbilder, zu denen sie aufblicken. Kommen sie in das Jugendalter, freuen sie sich unheimlich darauf, endlich selbst erwachsen zu werden. Ist man dann erst einmal erwachsen, kommt es nicht selten vor, dass man sich wünscht, noch einmal Kind sein zu dürfen. Glaube mir, auch dir wird es einmal so gehen.

Die Entwicklung vom Kind zum Jugendlichen und dann zum Erwachsenen ist ein sehr komplexer Prozess. Gleichermaßen ist dieser aber auch sehr faszinierend. Viele Forscher sind der Meinung, dass dieser Prozess ein Leben lang andauert und somit niemals vollkommen abgeschlossen werden kann. Tatsächlich entwickeln sich auch Erwachsene noch weiter. Deutlich wird jedoch die Verschiebung des Entwicklungsfokus.

Wenn man das Erwachsenenalter definieren möchte, muss man einen Blick auf die Abgrenzung von Jugend- und Erwachsenenalter werfen. Beim Erwachsenenalter handelt es sich um die letzte Entwicklungsphase eines Menschen. Die Entwicklungspsychologie meint, dass es sich hierbei um den Altersabschnitt ab dem 19. Lebensjahr handelt. Ein Mensch macht in seinem Leben fünf Entwicklungsphasen durch. Die letzte Phase ist somit die längste. Jede dieser fünf Phasen hat eigene Merkmale sowie Aufgaben. Außerdem kann jede einzelne Entwicklungsphase in Unterstufen gegliedert werden.

Der Übergang

Für viele Menschen ist der Übergang vom Jugend- zum Erwachsenenalter eine große Herausforderung. Diese hat ihren Anfang mit Beginn der Pubertät. Es folgt die Adoleszenz und das frühe Erwachsenenalter. In dieser Zeit reift der Körper des Jugendlichen immer mehr heran und die eigene Identität wird immer stärker ausgebildet. Beides schließt erst mit dem Eintritt ins Erwachsenenalter ab.

Im Jugendalter entwickelt sich nicht nur die Identität, sondern auch die Geschlechtsidentität. Zudem grenzen sich die Jugendlichen immer mehr von den Eltern ab und entwickeln eigene Zukunftsvorstellungen. Da alles noch sehr ungewiss ist, sind die jungen Menschen oftmals sehr unsicher in dieser Zeit. Das liegt unter anderem daran, dass viele Veränderungen in kürzester Zeit

stattfinden. Viele Jugendliche sind dadurch überfordert oder entwickeln sogar Zukunftsängste.
Tipp: Wenn es auch dir so geht, suche dir einen Gesprächspartner deines Vertrauens und berichte ihm davon. Das können beispielsweise deine Eltern oder Freunde sein. Gemeinsam mit deinen Eltern kannst du viele Dinge besser angehen und verstehen lernen.

Der Übergang zwischen Jugend und Erwachsenenalter ist aufgrund der vielen Veränderungen nicht ganz eindeutig und kann nicht auf ein bestimmtes Alter beschränkt werden. Dieser Übergang kann jedoch durch verschiedene Kriterien definiert werden. Diese Kriterien sind vom Alter und der jeweiligen Persönlichkeit abhängig. Das ist der Grund, warum manche Jugendliche früher erwachsen werden als andere.

Tatsächlich ist es so, dass sich der Übergang vom Jugendalter zum Erwachsenenalter immer mehr nach hinten verschiebt. Grund dafür ist, dass immer mehr junge Menschen mit einem Studium beginnen. Das macht sie jedoch länger abhängig von den Eltern. Die finanzielle Unabhängigkeit wird dadurch erst viel später erlangt.

Die 3 Phasen des Erwachsenenalters

Ja, du liest richtig. Das Erwachsenenalter lässt sich aus entwicklungspsychologischer Sicht in drei Phasen untergliedern. Die Übergänge sind kontinuierlich. Jede der drei Phasen umfasst eine bestimmte Altersspanne und hat ganz spezifische Aufgaben.

Wenn die Rede von Entwicklungsaufgaben ist, so sind jene Aufgaben gemeint, denen sich ein Mensch stellen muss, wenn er sich in einem bestimmten Lernabschnitt befindet. Hat er die Aufgaben erfolgreich bewältigt, bringt das eine gesunde Entwicklung mit sich. Wird die Aufgabe jedoch nicht bewältigt, bekommt die Person bei weiteren Aufgaben, vor denen er im Leben stehen wird, Schwierigkeiten. Das kann unter anderem dazu führen, dass er Probleme dabei hat, sich in die Gesellschaft zu integrieren.

Auch die Entwicklungsaufgaben lassen sich in drei Komponenten unterteilen:

- die physische Reife (hiermit ist die individuelle Entwicklung gemeint)
- der kulturelle Druck (gemeint sind die Erwartungen, welche die Gesellschaft an die Person hat)
- die individuellen Ziele und Werte (hier sind beispielsweise persönliche Lebensziele, wie das Gründen einer Familie oder das Erreichen einer bestimmten Karrierestufe etc., gemeint)

Die Entwicklungsaufgaben können sich verschieben. Das liegt daran, dass die drei Komponenten innerhalb einer Entwicklungsphase stärker oder schwächer wirken können. In der Kindheit und Jugend stehen vor allem die Entwicklung des eigenen Körpers sowie die individuelle Entwicklung im Mittelpunkt. Im frühen sowie im mittleren Erwachsenenalter spielen die individuelle Zielsetzung und die Erwartungen der Gesellschaft eine viel bedeutendere Rolle.

Der menschliche Körper reift aber auch während des Erwachsenenalters weiter. Hier ist es jedoch der Fall, dass andere wichtige Dinge in den Vordergrund rücken, beispielsweise der Beruf und die Familie, und dass man sich in die Gesellschaft einbringt.

Es ist zudem so, dass sich die Entwicklungsaufgaben auch innerhalb des Erwachsenenalters erheblich verschieben. Im frühen Erwachsenenalter steht allem voran der Beruf im Vordergrund. Im hohen Erwachsenenalter ist jedoch die Gesundheit das wichtigste Thema.

Werfen wir an dieser Stelle nun einen genauen Blick auf die drei Phasen des Erwachsenenalters.

Das frühe Erwachsenenalter

Diese Phase beginnt ungefähr mit dem 19. und endet ca. mit dem 35. Lebensjahr. Das frühe Erwachsenenalter ist die erste Phase und der Beginn des Aufbaus eines selbstständigen und unabhängigen Lebens. Der junge Mensch erarbeitet sich immer mehr seine eigene Rolle in der Gesellschaft. Ganz nebenbei entwickelt er außerdem sein eigenes Wertsystem weiter.

Zentrale Merkmale:

- Die Wahl des Partners
- Hochzeit
- Eltern werden
- Einstieg in den Beruf und das Arbeitsleben
- Der eigene Lebensstil wird gefunden
- Verantwortung wird übernommen

In dieser Phase muss der junge Erwachsene die ersten Altersanzeichen akzeptieren. Seine Reifung ist nun abgeschlossen und allmählich beginnt der Körper damit, sich wieder abzubauen. Ab dem 30. Lebensjahr verschlechtern sich beispielsweise die Fähigkeiten des Sehens und des Hörens. Der Psychoanalytiker Erikson meinte außerdem, dass die Phase des jungen Erwachsenenalters auch die Entwicklungskrise darstellt, in welcher sich vor allem die Intimität/Solidarität und die Isolation gegenüberstehen.

Das mittlere Erwachsenenalter

Da das frühe Erwachsenenalter mit dem 35. Lebensjahr endet, beginnt das mittlere Erwachsenenalter genau zu diesem Zeitpunkt und es endet mit dem 65. Lebensjahr. Geprägt wird diese Phase vor allem durch das Bedürfnis nach Stabilität. Man kann sagen, dass das mittlere Erwachsenenalter den Höhepunkt des menschlichen Lebens darstellt, in dessen Rahmen jeder versucht, sich beruflich sowie familiär zu etablieren. Sobald der Karrierehöhepunkt erreicht ist, wird man sich darauf konzentrieren, in Rente zu gehen. Außerdem legt man darauf Wert, dass seine eigenen Kinder zu erfolgreichen und glücklichen Menschen heranwachsen.

Zentrale Merkmale:

- Der Haushalt wird eigenständig geführt
- Kinder werden erzogen
- Die berufliche Karriere wird gesichert
- Hobbys und diverse Freizeitaktivitäten werden aufgebaut
- Man entwickelt einen persönlichen Lebensstandard
- Im sozialen Bereich wird Verantwortung übernommen
- Es machen sich physiologische Veränderungen bemerkbar
- Im gesellschaftlichen Bereich wird Verantwortung übernommen

In dieser Phase des Erwachsenenalters werden die Altersanzeichen noch etwas deutlicher. Es treten immer mehr kleine körperliche Beschwerden auf. Bereits in dieser Phase muss man lernen, zu akzeptieren, dass man manche Dinge nicht mehr so wie früher machen kann. Zudem stellen sich langsam verschiedene Verschlechterungen des Körpers ein.

- Die Fruchtbarkeit verringert sich ab dem 35. bis 40. Lebensjahr.
- Zwischen dem 35. und 40. Lebensjahr beginnen die Haare, langsam auszufallen.
- Frauen kommen ca. ab dem 50. Lebensjahr in die Wechseljahre.
- Der Geruchs- sowie Geschmackssinn verändern sich ab dem 60. Lebensjahr.

Erikson beschreibt die Phase des mittleren Erwachsenenalters auch als Entwicklungskrise zwischen Generativität und Selbstabsorption.

Das späte Erwachsenenalter

Diese Phase ist der Abschluss des Erwachsenenalters, welche mit dem 65. Lebensjahr beginnt und mit dem Tod endet. Da die Anzeichen des Alters nun sehr intensiv sind, ist die Phase mit vielen verschiedenen Veränderungen bestückt. Eines hat das späte Erwachsenenalter mit dem jungen Erwachsenenalter gemeinsam: Die körperliche Verfassung und das Leben verändern sich sehr schnell.

Sobald man erst einmal Rentner ist, fällt das Streben nach beruflichem Erfolg weg. Dies ist auch die Phase, in welcher die geliebten Menschen sterben. Gleichzeitig rückt das Ende des eigenen Lebens näher. Leider können die Menschen im späten Erwachsenenalter auch vereinsamen. Außerdem fühlen sich die Menschen in diesem Alter von ihren jüngeren Mitmenschen nicht mehr richtig verstanden. Möglicherweise können Intoleranz anderen gegenüber sowie Altersstarrsinn auftreten.

Das späte Erwachsenenalter wird außerdem als hohes Erwachsenenalter bezeichnet, welches sich vom 80. Lebensjahr bis zum Tod erstreckt. Eine Differenzierung ist in diesem Alter eher weniger von Bedeutung. Deshalb werden das späte und hohe Erwachsenenalter oftmals zusammengefasst.

Zentrale Merkmale

- Das eigene Leben wird akzeptiert
- Anpassung an das Rentenleben
- Anpassung an veränderte Wohn- und Lebensumstände
- Die Haltung bezüglich des Sterbens entwickelt sich
- Man passt sich an den Tod geliebter Menschen an
- Die eigenen Energien werden auf neue Rollen umgestellt
- Es wird sich immer mehr auf die eigene Altersgruppe fokussiert
- Es treten gravierende physiologische Veränderungen auf, an welche sich angepasst wird
- Die Gedächtnisleistung nimmt ab
- Sensorische Fähigkeiten nehmen ab

Erikson meint, dass diese Phase ebenso die Entwicklungskrise der Integrität und Verzweiflung ist.

Kapitel 4: Schule und Erwachsenwerden

Die Jugendweihe stellt also symbolisch den Schritt ins Erwachsenenalter dar. Doch wie geht es nach diesem großen Tag weiter? Welche Veränderungen kommen auf dich zu? Wie sieht es mit der Schule aus?

In diesem Kapitel möchte ich dir einige wichtige Punkte näherbringen, mit welchen du dich fortan intensiver und regelmäßig auseinandersetzen solltest. Zum einen ist der Besuch einer Schule deine Pflicht und zum anderen spielt dieser für deinen weiteren Lebensweg eine sehr zentrale Rolle. Das, was du in der Schule lernst, wirst du nie alles wieder brauchen. Ich bin mir sicher, dass dir das bereits bewusst ist und du diese Aussage bereits gehört hast.

Trotzdem ist es wichtig, dass du deine Schuljahre so gut wie nur eben möglich meisterst. Gute Noten sind nicht alles, aber wer gute Noten erzielt, der lernt auch gut und fürs Leben. Schaue dir die nachfolgenden Punkte genau an, lass dir Zeit, diese zu lesen, und verinnerliche deren Inhalte. Ich versichere dir, dass du so auf einem guten Weg ins Erwachsenenalter bist.

Ziele setzen

Was ist eigentlich ein Ziel? Das ist eine sehr wichtige Frage, der wir direkt auf den Grund gehen. Bei einem Ziel handelt es sich um etwas, das wir uns setzen und das wir erreichen möchten. Manchmal sind Ziele auch vorgegeben, beispielsweise beim 100-Meter-Lauf. Das Ziel ist hier die 100-Meter-Linie, die es so schnell wie möglich zu erreichen gilt.

Wir können außerdem sagen, dass ein Ziel etwas ist, das in der Zukunft liegt, immerhin wollen wir es erst einmal erreichen. Obendrein ist ein Ziel ein Gegenstand, Zustand oder Ort, der sich vom Gegenwärtigen unterscheidet. Die Erreichung des Ziels wird von uns angestrebt.

Ein Ziel dient uns allen als Orientierung im Leben, sei es für dich, für mich, für deine Eltern, Freunde, ja, sogar für unsere Gesellschaft, unsere Politik, für die Forschung und Wissenschaft und für so vieles mehr.

Verschiedene Arten von Zielen

Schauen wir uns einmal ein Unternehmen an. Als Ganzes verfolgt es ein Ziel. Es ist jedoch auch so, dass einzelne Bereiche oder Projekte ihre eigenen Ziele verfolgen. Und dann sind in einem Unternehmen ja auch noch die Mitarbeiter. Diese können ebenfalls ihre ganz eigenen Ziele anstreben. Es liegt auf der Hand, dass es viele verschiedene Arten von Zielen gibt.

Monetäre und nicht monetäre Ziele

• Man kann sie auch quantitative und qualitative Ziele nennen, immerhin lassen sich die Leistungen messen sowie ganz klar definieren.

• Bleiben wir beim Beispiel des Unternehmens: Es möchte die Gewinne steigern, beispielsweise um 30 %.

• Bei den nicht monetären Zielen sieht es z. B. so aus: Die Zufriedenheit der Kunden oder auch der Mitarbeiter soll gesteigert werden.

• Die nicht monetären Ziele können durchaus einen monetären Einfluss haben, das heißt, wenn sich beispielsweise das Ansehen des Unternehmens verbessert, werden Mitarbeiter ebenfalls zufriedener, was wiederum Auswirkungen auf die Krankheitsquote hat (in einem Unternehmen, das ein hohes Ansehen genießt, lässt es sich schließlich viel besser arbeiten als in einem Unternehmen, in dem es immer wieder Theater gibt).

• Es geht noch etwas weiter: Wenn die Mitarbeiter zufrieden sind, werden es auch die Kunden sein, da sie herzlich empfangen werden, und zufriedene Kunden bedeuten, dass die Produkte, welche das Unternehmen anbietet, häufiger erworben werden.

Konkurrierende, indifferente und komplementäre Ziele

• Diese Ziele beschreiben das Zusammenwirken untereinander. Sie können sich sowohl ergänzen als auch gegenseitig behindern. Hin und wieder haben sie keinen Einfluss auf das andere Ziel.

• Es ist gang und gäbe, dass es Konkurrenzdenken gibt. Wichtig ist, dass dies im Auge behalten wird, egal, ob in der Familie, in der Schule, bei der Ausbildung oder später bei der Arbeit. Regelmäßige Kommunikation ist wichtig, damit aus harmlosem Konkurrenzdenken kein Machtkampf entsteht.

Hauptziele, Nebenziele – oder auch Oberziele, Unterziele

• Der Name verrät dir bereits, dass ein Hauptziel das wichtigere Ziel ist. Die Unterziele dienen dazu, dass das Hauptziel erreicht wird. Das heißt, dass man sich durch das Erreichen der kleinen Unterziele langsam dem Erreichen des Hauptziels nähert.

• Beispiel Schule: Die Lehrer haben die Aufgabe, die einzelnen Unterziele der Schüler miteinander zu verknüpfen. Das ermöglicht, dass das Hauptziel der

Schule, nämlich den Schülern bestmöglich Wissen zu vermitteln, tatsächlich erreicht werden kann.

Strategische und operative Ziele – langfristige Ziele, mittelfristige Ziele und kurzzeitige Ziele

Schauen wir uns zunächst die Zeitspanne der jeweiligen Ziele an, damit du verstehst, was damit gemeint ist:

- Kurzzeitige Ziele: ein bis drei Jahre
- Mittelfristige Ziele: drei bis fünf Jahre
- Langfristige Ziele: fünf bis zehn Jahre

Man bezeichnet die kurzfristigen Ziele auch als operative Ziele. Die langfristigen hingegen werden als strategische Ziele bezeichnet. Ein Beispiel für langfristige Ziele ist die Erneuerung des Konzeptes der Schule.

Schaut man sich in der Praxis um, wird schnell erkennbar, dass sich die Arten von Zielen vermischen. Nehmen wir einmal an, dass die Schule ein kurzfristiges Ziel ins Auge gefasst hat. Dieses kann wiederum ein monetäres Hauptziel darstellen. Dieses Hauptziel steht im Kampf mit einem anderen Ziel, um finanzielle Mittel oder andere Ressourcen.

Möglich ist, dass ein operatives, nicht monetäres Ziel ein Unterziel darstellt, welches dahingehend wirkt, ein monetäres, strategisches Ziel zu erreichen.

Die bereits genannten Ziele sind jedoch noch nicht alle. Es gibt ebenso Verhaltensziele. Der Fokus liegt auf dem Verhalten der Schüler gegenüber anderen Schülern, beispielsweise aus anderen Klassenstufen, oder auf dem Verhalten der Schüler innerhalb einer Klasse.

Die Formulierung der Ziele

Ziele zu formulieren, klingt erst einmal einfach. Grundlegend kann man sagen, dass man seine Ziele einfach in Worte fasst und sie mündlich oder schriftlich preisgibt. Tatsächlich kannst du Ziele jedoch auf verschiedene Art und Weise formulieren. Ich möchte dir an dieser Stelle einige Formen aufzeigen.

Das Kraft-Modell der Zielformulierung

Hinweis: Setze alle fett markierten Buchstaben der Reihe nach zusammen und du wirst ein Wort erhalten.

Gabriele Müller, die systematisches Coaching betreibt, hat dieses Modell entwickelt und ist der Meinung, dass man Ziele wie folgt formulieren sollte:

- Ziele sollten **k**onkret und sinnspezifisch sein.

Hierbei kannst du die folgenden Fragestellungen als Hilfestellung nutzen:

✓ Was willst du genau erreichen?

✓ Wann, wo und mit wem soll das Ziel erreicht werden?

✓ Woran erkennst du, dass du das Ziel erreicht hast?

✓ Was siehst du, hörst du, fühlst du, wenn du dein Ziel erreicht hast?

✓ Was willst du tun? (Vermeide hier Fragestellungen wie „Was willst du vermeiden?" oder „Was willst du beenden?")

- Formuliere **r**ealistische Ziele, die eigene Prüfkriterien haben.

Hierbei kannst du die folgenden Fragestellungen als Hilfestellung nutzen:

✓ Wie kannst du die Erreichung des Ziels selbst beeinflussen?

✓ Welche Faktoren liegen in deiner Macht?

✓ Was genau kannst du tun? (Vermeide hier Fragestellungen wie „Was können andere für dich tun?")

- Deine Ziele solltest du außerdem **a**ttraktiv formulieren, damit sie sich positiv auswirken können.

Hierbei kannst du die folgenden Fragestellungen als Hilfestellung nutzen:

✓ Was ist dir wichtig daran, dein Ziel zu erreichen?

✓ Was ändert sich für dich oder deine Umgebung durch die Zielerreichung?

✓ Welchen Nutzen oder Gewinn versprichst du dir durch die Erreichung deines Ziels?

- Beachte deine **F**ähigkeiten, um die Erreichung und Umsetzung deiner Ziele ermöglichen zu können.

Hierbei kannst du die folgende Fragestellung als Hilfestellung nutzen:

✓ Welche Fähigkeiten sowie Eigenschaften stehen dir für die Erreichung deines Ziels zur Verfügung?

- Zudem wird das Planen von **T**erminen dafür wichtig.

Hierbei kannst du die folgenden Fragestellungen als Hilfestellung nutzen:

✓ Bis wann möchtest du dein Ziel erreichen?

✓ Was ist der erste Schritt in Richtung deines Ziels?

✓ Welche Bestandteile sollte der nächste Schritt beinhalten?

Das „Success-Modell“ (Erfolgsmodell) der Zielformulierung

Dieses Modell steht für die folgenden Punkte:

- Formuliere **s**ubjektive Ziele, die so persönlich wie nur möglich sind.

Fragestellungen, die bei der Formulierung von Zielen hilfreich sein können:

✓ Was wünsche ich mir?

✓ Was möchte ich erreichen?

- Deine Ziele sollten **u**rgent sein, das heißt, dass du hinterfragst, wo genau die Vorteile von unmittelbaren Aktionen liegen.

Fragestellungen, die bei der Formulierung von Zielen hilfreich sein können:

✓ Warum ist es wichtig, dass ich Schritt XY zur Zielerreichung angehe?

✓ Welche Vorteile ergeben sich aus Schritt XY?

- Das Zauberwort heißt „**c**ommitted“, was auf Deutsch so viel heißt wie „engagiert sein“.

Fragestellungen, die bei der Formulierung von Zielen hilfreich sein können:

✓ Was kann ich für die Zielerreichung konkret tun?

✓ Welche Schritte sind nötig bis zum Ziel?

- „**C**oncrete“ heißt in unserer Sprache nichts anderes, als konkret zu sein. Formuliere deine Ziele daher so spezifisch wie möglich.

Fragestellungen, die bei der Formulierung von Zielen hilfreich sein können:

✓ Welche exakten Ziele verfolge ich?

✓ Was will ich erreichen?

- „**E**valuate", also evaluieren, bedeutet, dass du deine Ziele in regelmäßigen Prozessen überprüfen solltest.

Fragestellungen, die bei der Formulierung von Zielen hilfreich sein können:

✓ Sind meine Ziele noch aktuell?

✓ Entsprechen meine Ziele noch meinen Vorstellungen?

- Auf sozialen Netzwerken wird oft das Wort „**s**hare" verwendet. Es bedeutet, dass etwas geteilt werden soll. Veröffentliche also deine Ziele und teile sie mit anderen. Das trägt dazu bei, dass du bei der Erreichung erfolgreich sein wirst und die Unterstützung durch andere, beispielsweise durch die Familie, gesichert wird.

Das Smart-Modell der Zielformulierung

Ehe ich dir dieses Modell vorstelle, möchte ich den Hinweis darauf geben, dass Fachleute der Meinung sind, dass diese Art der Zielformulierung dafür sorgen kann, dass das eigene Denken dadurch eingeschränkt und aufgrund dessen das eigene Potenzial nicht vollkommen ausgeschöpft und entfaltet werden kann.

Die Formulierung der Ziele sollte laut diesem Modell smart ausfallen.

- Formuliere **s**pezifisch.

Beispiel:
Ich möchte in den kommenden 6 Monaten die Grundlagen der spanischen Sprache lernen.

- Formuliere messbar.

Am obigen Beispiel:
Die Tatsache, dass das Ziel in 6 Monaten erreicht werden soll, macht die Zielerreichung messbar.

- Formuliere **a**ttraktiv.

Beispiel:
„Ich möchte finanziell unabhängig sein" statt „Ich möchte nicht mehr arm sein".

- Formuliere **r**ealistisch.

Tipp:
Formuliere das Ziel so, dass du es auch wirklich erreichen kannst. Übertriebener Ehrgeiz führt sonst zu Frustration und Enttäuschungen. Wähle dein Ziel daher so, dass es dich zwar herausfordert, aber dennoch erreichbar bleibt.

- Formuliere **t**erminiert.

Am eingangs gewählten Beispiel:
Dadurch, dass das Ziel in einem Zeitraum von 6 Monaten erreicht werden soll, gibt es einen zeitlichen Rahmen, bis zu dem das Ziel erreicht sein soll. Wenn dir kleine Teilschritte leichter fallen, kannst du den Zeitraum zusätzlich in kleinere Teilschritte unterteilen, die sich schneller erreichen lassen.

Das Modell der resonanten Zielformulierung

Motivation spielt bei der Erreichung von Zielen eine sehr wichtige Rolle, allem voran die intrinsische Motivation, also jene, die aus deinem Inneren kommt.

Deine Ziele solltest du dahingehend wie folgt zum Ausdruck bringen:

- Formuliere deine Ziele so, dass sie **r**ichtungsweisend sind.

Erklärung:
Jedes von dir formulierte Ziel soll dir eine Richtung geben, in die du dich entwickeln möchtest, sozusagen den gewünschten Endzustand. Dann fungiert dein Ziel als Wegweiser auf einer Landkarte.

- Sie sollten außerdem **e**rfolgversprechend sein.

Erklärung:
Erfolgversprechend sind Ziele dann, wenn es eine realistische Chance gibt, dass du sie erreichen kannst.

- Deine Ziele sollten für dich **s**elbstverpflichtend sein.

Erklärung:
Selbstverpflichtend meint in diesem Kontext, dass außer dir niemand für die Erreichung des von dir gewählten Ziels verantwortlich sein sollte. So kannst du die Zielerreichung selbst kontrollieren und bist nicht von anderen abhängig.

- Du musst dazu in der Lage sein, sie **o**bjektiv überprüfen zu können.

Erklärung:
Dieser Aspekt ist vergleichbar mit dem Aspekt der Messbarkeit innerhalb des SMART-Modells. Daher solltest du deine Ziele so formulieren, dass der Erfolg sowie die Zielerreichung messbar sind.

- Formuliere deine Ziele mit **N**iveau.

Erklärung:
Wähle deine Ziele so, dass sie deinen Fähigkeiten entsprechen. Das heißt, es sollte nicht zu leicht, aber auch nicht zu schwer sein.

- Achte auf die **A**ffinität.

Erklärung:
Du solltest deine Ziele immer so formulieren, dass du emotional in Verbindung zu ihnen stehst. Stelle dir hierbei beispielsweise die Fragen:

✓ Gibt es noch andere Ziele, die meinem Ziel widersprechen?

✓ Entspricht das Ziel meinen Wünschen und Werten?

✓ Existieren verdeckte Wünsche, die meinem Ziel widersprechen?

- Deine Ziele sollten **n**eue Perspektiven eröffnen.

Erklärung:
Formuliere deine Ziele so, dass sie dir neue Blickwinkel ermöglichen. Stütze dich dabei nicht auf wiederkehrende Ziele.

- Formuliere deine Ziele **t**erminiert.

Erklärung:
Formuliere Ziele so, dass du für die Erreichung einen zeitlichen Rahmen setzt, in dem das jeweilige Ziel erreicht werden soll (vgl. SMART-Methode).

Die Affinität und die Selbstverpflichtung sind bei diesem Modell sehr wichtig. Mit Affinität werden alle Wünsche, Werte und Vorstellungen betrachtet, welche der Zielsetzung widersprechen würden. Die Selbstverpflichtung besagt, dass du ein Ziel nur festlegen kannst, wenn es für dich gilt. Andere können dir dementsprechend keine Vorgaben machen.

Die Gut-Methode

Eine weitere Methode, um Ziele zu formulieren, ist die Gut-Methode. Die Methode behält die Haltung der Person im Blick und setzt auch genau dort an. Eine bedeutende Rolle nehmen das Zuhören und der Austausch sowie die Kooperation und das Verständnis ein. Mithilfe dieser Methode sollen Kooperationsmöglichkeiten geschaffen werden. Setzt man sich seine Ziele auf diese Art und Weise, steckt dabei die Idee dahinter, bei sich und nicht bei anderen eine Veränderung zu bewirken. Auf diese Weise können sowohl Rivalitäten als auch Vorurteile abgebaut werden.

Das Wort „Gut“ wird dabei aus den Anfangsbuchstaben der folgenden Wörter gebildet, zusätzlich stehen hinter jedem dieser Wörter zwei Fragen.

- **G**enau: Was möchtest du erreichen? Bist du dir mit anderen über den Weg zum Ziel einig?
- **U**msetzbar: Wie kannst du es schaffen? Woran kannst du erkennen, dass du deinem Ziel näher kommst?
- **T**erminiert: Bis wann möchtest du dein Ziel erreichen? Wie wichtig ist die Zeit für dein Ziel tatsächlich?

Was Ziele bedeuten

Was Ziele tatsächlich für den Einzelnen, die Familie, die Klasse, den Freundeskreis oder das berufliche Team bedeuten, wird seit einigen Jahren stark diskutiert. Einerseits wird die Behauptung laut, dass Ziele zur Förderung der extrinsischen Motivation (also jene, die von außen kommt) beiträgt. Andererseits wird davon ausgegangen, dass es die intrinsische Motivation braucht, um Ziele wirklich erreichen zu können. Zudem wird diskutiert, welche Voraussetzungen tatsächlich notwendig sind, damit es eine positive Wirkung geben und sich diese entfalten kann. Kann es vielleicht auch möglich sein, dass Ziele für Einschränkung sorgen?

Ich kann dir sagen, dass die Fragen und deren Antworten immer von der Person selbst abhängig sind. Eines steht jedenfalls fest: Es braucht Ziele, um sich entwickeln und entfalten zu können. Zusätzlich sorgen Ziele dafür, dass man seine eigenen Grenzen austestet und Unmögliches möglich machen kann. Wer sich Ziele setzt, kann durchaus über sich hinauswachsen.

Auf dem Weg zum großen Ziel werden viele kleine Ziele notwendig sein. Man kann nicht eine große Sache sofort erreichen und sollte es auch gar nicht erst versuchen. Besser ist es, sich kleine, erreichbare Ziele auf dem Weg zum großen Ziel zu setzen, denn wie Konfuzius bereits sagte, ist „der Weg das Ziel“. Und Laotse sagte ebenfalls etwas, dass man hinsichtlich der Zielsetzung immer im Blick behalten sollte: „Nur wer sein Ziel kennt, findet den Weg.“

Warum-Fragen klären

Die Frage nach dem Warum – wer kennt sie nicht? Bereits im Kleinkindalter gibt es eine Phase, in welcher Kinder ständig nach dem Warum fragen. Sich Ziele zu setzen, ist das eine, an der Erreichung dieser zu arbeiten, das andere. Wenn du dir deine Ziele gesetzt hast, gilt es, herauszufinden, wie du diese erreichen kannst. Du selbst musst deinen eigenen Weg finden, um voranzukommen.

Lege selbst fest, in welchem Tempo und in welchem Zeitrahmen du arbeiten möchtest, um deine eigenen Ziele zu erreichen. Hinterfrage, welche Ressourcen du dafür außerdem benötigst. Das Beste ist es, sich einen genauen Plan zu notieren. Nimm dir einmal genügend Zeit und betreibe Brainstorming. Dabei kannst du alle Dinge aufschreiben, welche für dich wichtig erscheinen, um deine Ziele zu erreichen. Hast du das Gefühl, alles notiert zu haben, so kannst du damit beginnen, die notierten Dinge zu sortieren.

Man schreibt wahrscheinlich vieles auf, was gar nicht notwendig oder längst schon erledigt ist. Bringe alle Notizen in eine ordentliche Reihenfolge und erstelle dir nach deinen Bedürfnissen einen eigenen Arbeits- und Zeitplan, um an der Erreichung deiner Ziele zu arbeiten.

Manchmal erreicht man sein Ziel nicht. Die Frage ist, warum das der Fall ist. Man hat im Vorfeld schließlich alles geplant und ist seinen Weg genauso gegangen, wie man es vorhatte.

Das Zauberwort heißt hier: Reflexion. Du musst dich selbst, dein Verhalten und deine Herangehensweisen reflektieren. Frage dich, warum du dein Ziel nicht erreichen konntest. Frage dich, was dich vielleicht daran hinderte. Frage dich, ob du dein Ziel wirklich sinnvoll gesetzt und ob du alles für die Erreichung gegeben hast. Hinterfrage außerdem, ob es nicht noch andere Möglichkeiten gibt, das Ziel zu erreichen, und ob vielleicht noch mehr in dir steckt.

Während der Reflexion können viele „Warum-Fragen" aufkommen. Diese gilt es, zu beachten und zu klären. Nur wer dazu bereit ist, zu reflektieren und die Warum-Fragen zu klären, der kann auch vorankommen. Sich hinterfragen bedeutet, mögliche Fehler aufzudecken. Fehler sind dafür da, um lernen und sich weiter entwickeln zu können. Verurteile dich demzufolge nicht selbst, wenn du Fehler gemacht hast. Sieh die Fehler als eine neue Chance an, um deine Ziele doch noch zu erreichen.

Wilhelm Busch hat es einmal genau auf den Punkt gebracht: „Wer rudert, sieht den Grund nicht." Wenn man immer wieder das Wasser aufwirbelt, bleibt es trüb und man kann nicht erkennen, was sich darunter verbirgt. So ist es auch mit dir und deinen eigenen Ressourcen. Versuchst du, stur voranzukommen, ohne die Dinge zu hinterfragen, wirst du nicht sehen, welche Möglichkeiten dir noch offenstehen. Es ist umso wichtiger, zu verstehen, dass es für das Vorankommen eine Mischung aus Handeln und Innehalten sowie Reflexion braucht. Nur so können die Warum-Fragen geklärt und beantwortet werden.

Die Arbeit an den Zielen

Deine Ziele hast du bereits ganz klar gesetzt und möglicherweise hast du erste Reflexionen hinter dir und einige Warum-Fragen geklärt. Das ist etwas Wunderbares. Es gibt viele Menschen, die genau an diesem Punkt scheitern oder beginnen, sich auszuruhen. Doch wer vorankommen möchte, sollte dafür auch weiterhin etwas tun, und dazu gehört nun einmal die konsequente Arbeit an den eigenen Zielen.

Damit es dir gelingt, am Ball zu bleiben, hast du viele verschiedene Möglichkeiten. Du möchtest beispielsweise bis zum Halbjahr in jedem Fach die Note Zwei erreichen? Dann heißt es von nun an: Arbeite daran, ohne das eigene Ziel aus den Augen zu verlieren.

Jimmy Kelly, Mitglied der Kelly Family, singt nicht nur, er hält auch Vorträge zu einem Buch, welches er geschrieben hat. Darin geht es nicht um das Lernen in der Schule, aber ganz klar um die Arbeit an den eigenen Zielen. Als er damals mit seiner Familie anfing, zu singen, taten sie dies zunächst aus Freude und deshalb, um anderen Freude zu schenken. Irgendwann begannen sie damit, auf der Straße Geld zu verdienen. Sie verstanden, dass man etwas tun musste, um sich das tägliche Brot zu verdienen. Sie hatten also ein Ziel vor Augen. Jetzt galt es, die Arbeit so zu optimieren, dass sie dieses Ziel auch erreichten. Über viele Jahre hinweg musizierten sie gemeinsam auf der Straße und wurden dabei immer professioneller. Und dann geschah das einst Unmögliche. Sie buchten auf gut Glück eine große Halle, da immer mehr Leute zu ihnen kamen und ihrer Musik lauschten. Und siehe da, die harte Arbeit auf der Straße zahlte sich aus. Die Halle konnte gefüllt werden. Sie machten im Vorfeld weiter Straßenmusik und Werbung für ihr erstes großes Hallenkonzert. Quasi über Nacht, aber mit jeder Menge harter Arbeit, erreichten sie ein großes Ziel und wurden berühmt. Irgendwann brach dann das Familienoberhaupt weg und die Wege trennten sich. Das Geld, welches sie damals verdienten, war plötzlich weg. Viele hatten bereits eine eigene Familie und mussten zusehen, wie sie diese ernähren konnten und wie sie ihr Leben bestreiten können. So auch Jimmy Kelly. Er hatte nie eine Schule besucht oder einen Beruf erlernt. Das Einzige, was er wirklich konnte, war, Musik zu machen.

Nach langem Überlegen und harten Kämpfen mit sich selbst erinnerte er sich daran, wie die Familie damals angefangen hatte. Für ihn war klar, dass er zurück zu seinen Wurzeln gehen musste. Und auch hier wurde wieder deutlich, was bei seiner Familie damals schon der Fall war. Wollte er sein Ziel erreichen, musste er hart arbeiten. Dabei hatte er durch viele Begegnungen gelernt, dass er seine Laune ignorieren musste, mit anderen Worten, den inneren Schweinehund überwinden musste, wenn er etwas erreichen wollte. Er begriff auch, dass es wichtig war, hart zu arbeiten und genügend Stunden zu erbringen, mit anderen Worten: Er musste viele Stunden musizieren. Man konnte nicht viel Geld verdienen, ohne sich wirklich anzustrengen.

Worauf ich hinaus will, ist, dass du deinen inneren Schweinehund überwinden musst, um zu lernen. Natürlich ist es schöner, mit Freunden etwas zu unternehmen, doch den Schulstoff lernst du so nicht. Damit möchte ich nicht sagen, dass du nur noch lernen solltest. Ganz im Gegenteil. Du musst wissen, was wirklich wichtig ist, um dein Ziel zu erreichen, und wie du dies angehst. Wann du lernst, ist vollkommen egal. Wichtig ist, dass du lernst und dass du richtig lernst. Hierbei spielen die Lerntypen, Lernmethoden und die Lernumgebung eine zentrale Rolle. Dazu erzähle ich dir gleich noch etwas mehr.

Fazit: Erstelle dir einen Plan, um dein Lernziel zu erreichen. Beachte dabei die Methodenwahl sowie das Zeitfenster und lerne, deinen inneren Schweinehund zu überwinden.

Reflexion: Wo stehst du gerade?

Während deiner Lernphasen ist es wichtig, dass du immer wieder innehältst und überprüfst, wo du überhaupt stehst und ob es möglicherweise notwendig wird, dein Vorgehen zu optimieren. Halte inne und reflektiere regelmäßig. Das erleichtert das Lernen ungemein. In diesem Abschnitt möchte ich dir die Reflexion noch einmal etwas genauer erklären.

Reflexion lässt sich von dem lateinischen Wort „reflexio“ ableiten. „Reflexio“ bedeutet, sich zurückzubeugen, und meint damit, dass man aktiv über den eigenen Lernprozess oder seinen eigenen Weg nachdenkt. Das schließt mit ein, dass man mit sich selbst diskutiert, wo man gerade steht und wie man den Istzustand optimieren kann. Reflexion ist eine wichtige Basis bezüglich des Problemlösungskonzepts. Nur wer reflektiert, wird erkennen, wo er steht, was bereits gut läuft und was optimiert werden muss. Das gilt sowohl für schulische als auch für berufliche Aktivitäten.

Da sich die Reflexion damit beschäftigt, wie man auf etwas reagiert oder was das eigene Verhalten zu bedeuten hat, ist die Selbstreflexion vor allem ein Mittel zur Selbstbeobachtung. Durch die Reflexion ist ein Mensch dazu in der Lage, seine Selbstwahrnehmung zu schulen. Das ist sowohl für die Schule als auch für die Ausbildung und den späteren Beruf von Vorteil.

Ablauf der Reflexion

Bei der Reflexion spielen viele Punkte eine Rolle, die zu berücksichtigen sind, wenn man wirklich an sich arbeiten möchte. Welche das sind und warum diese in Betracht gezogen werden sollten, werde ich dir selbstverständlich erläutern.

Die Zeit: Wer reflektieren möchte, braucht dafür Zeit und sollte sich diese auch nehmen. Sich zu reflektieren ist nichts, was man mal eben nebenbei machen sollte. Plane genügend Zeit ein, damit du über dich und dein Handeln selbst aktiv nachdenken kannst.

Die Ruhe: Nicht nur Zeit, sondern auch Ruhe ist sehr wichtig. Setzt man sich in einen Raum, in dem viele Menschen sind oder laute Musik spielt beziehungsweise andere Ablenkungsmöglichkeiten vorhanden sind, wird die Selbstreflexion sehr anstrengend. Suche dir einen Raum oder einen Platz, wo du in Ruhe reflektieren kannst.

Die Entspannung: Wer gestresst ist, wird kaum dazu in der Lage sein, in Ruhe in sich hineinzuhören. Ehe du zu reflektieren beginnst, solltest du dafür sorgen, dass du entspannt bist. Hierbei können verschiedene Atemübungen helfen.

Die Routine: Du wirst umso routinierter, je häufiger du reflektierst. Mit etwas Übung wird es dir irgendwann leichter fallen, die Selbstreflexion besser zu starten. Überstürze nichts, sondern lasse dir Zeit, denn auch das Reflektieren möchte gelernt sein. Damit die Reflexion zur Routine werden kann, solltest du sie regelmäßig durchführen und fest einplanen.

Nimm dich selbst ernst: Bei der Reflexion spielen vor allem die eigenen Gefühle und Wahrnehmungen eine wichtige Rolle. Lasse beides nicht außer Acht, um das Bestmögliche aus der Selbstreflexion herauszuholen.

Die Ehrlichkeit: Ganz wichtig beim Reflektieren ist es, sich nichts vorzumachen. Wenn du reflektierst, lernst du dich selbst immer besser kennen. Behalte dabei nicht nur die negativen Aspekte, sondern auch die Positiven im Auge. Reflexion heißt nämlich nicht, alles Negative herauszufinden, sondern auch, zu sehen, was bereits positiv verläuft.

Willst du dich selbst reflektieren, kannst du hierzu beispielsweise auch verschiedene Übungen nutzen. Vor allem, da nicht jeder von Haus aus in der Lage ist, sich realistisch selbst einzuschätzen, können Übungen dazu beitragen, dass du lernst, dich selbst zu reflektieren. Übungen, die dir zu mehr Selbsterkenntnis verhelfen, werden dir nachfolgend näher erläutert:

Übung 1 – Tagebuch

Integriere ein regelmäßiges Abendritual in deinen Alltag. Hierzu kannst du den Tag am Abend Revue passieren lassen. Dazu kannst du dir beispielsweise überlegen, was dir am Tag besonders gut gefallen hat, was dein größter Erfolg war und was du am kommenden Tag verbessern möchtest. Die jeweiligen Punkte kannst du dabei beispielsweise in einem speziellen Tagebuch festhalten. Achte bei der Übung jedoch darauf, dass du nicht grübelnd ins Bett gehst, da dies zu Schlafstörungen führen könnte. Zudem kannst du bereits vorgefertigte Tagebücher verwenden, die dich zum Reflektieren anregen.

Übung 2 – Ikigai

Versuche, dein eigenes Leben anhand der nachfolgenden Punkte genau zu untersuchen und zu reflektieren:

- ✓ Deine Passion (beschreibt, was dich zufrieden macht)
- ✓ deine Mission (beschreibt, was dich erfüllt)
- ✓ deine Profession (beschreibt deine Aufgabe)
- ✓ deine Berufung (beschreibt, wofür du dich begeisterst)

Diese vier Faktoren bilden den Sinn deines Lebens ab. Die Methode wird auch als Ikigai beschrieben. Sie beschäftigt sich mit der Frage „Wofür stehe ich eigentlich?“. Mithilfe der Methode wird beschrieben, was du liebst, worin du gut bist, was die Welt braucht sowie die Fähigkeiten, für die du bezahlt werden kannst (Beruf).

Übung 3 – Die Handformel

Eine weitere Übung, die du für die Selbstreflexion nutzen kannst, ist die sogenannte Handformel. Bei dieser Methode stehen die Finger deiner Hand für unterschiedliche Aspekte. Der Daumen bildet das Denken ab und beschäftigt sich mit der Frage, was du dazugelernt hast. Der Zeigefinger steht für die Zielerreichung und geht der Frage nach, an welchen Punkten du deinen Zielen näher gekommen bist. Der Mittelfinger steht für den Faktor Mentalität und beantwortet die Frage, wie du dich am Tag gefühlt hast. Der Ringfinger steht für den Ratgeberaspekt und fragt danach, wie du anderen am Tag geholfen hast. Der kleine Finger symbolisiert deinen Körper und geht der Frage nach, was du für dich getan hast.

LERNTYPEN

Alle Menschen entstehen auf die gleiche Art und Weise. Außerdem kommen wir alle im Normalfall ähnlich auf die Welt, denn jedes Kind wird von einer Mutter ausgetragen. Unser Körperbau ist im Großen und Ganzen ebenfalls gleich und doch sind wir alle individuell. So ist es auch hinsichtlich des Lernens. Jeder lernt auf seine Art.

Der eine lernt am besten, wenn er die Dinge sieht, ein anderer jedoch, wenn er sie hört. Der Nächste braucht etwas zum Anfassen, damit er es begreifen kann. Und dann gibt es jene Menschen, welche sich das Gehörte aufschreiben müssen.

In diesem Teil des Kapitels möchte ich dir mehr über die verschiedenen Lerntypen erzählen. Vielleicht hast du das Wort noch nicht gehört und stellst dir gerade die Frage, was das überhaupt bedeuten soll. In deinem Freundeskreis hast du wahrscheinlich schon gehört, dass der eine den anderen als Typen bezeichnet. Dieser Begriff dürfte dir demzufolge bekannt sein.

Sprechen wir jedoch von Lerntypen, ist die Rede von dem Weg, wie ein Mensch die Dinge lernt. Eines haben alle Lerntypen gemeinsam: Wer lernen möchte, muss Informationen aufnehmen. Informationen nehmen wir mit unseren Sinnesorganen auf. Dazu zählen die Ohren, die Augen und die Haut. Jeder Mensch hat diese Sinnesorgane, tatsächlich sind sie jedoch von Mensch zu Mensch unterschiedlich ausgeprägt. Dementsprechend werden die Informationen in unterschiedlicher Qualität aufgenommen.

Im folgenden Text werde ich dir die einzelnen Lerntypen genauer vorstellen. Lies genau, vielleicht kannst du bereits erkennen, welcher Lerntyp du selbst bist.

Der auditive Lerntyp

Kennst du Audiogeräte? Dann weißt du, dass diese Musik oder Gesprochenes wiedergeben, welche wir hören können. Wenn wir vom auditiven Lerntyp sprechen, sind jene Menschen gemeint, welche Informationen am besten aufnehmen können, wenn sie diese hören. Um die Informationen auf auditiver Ebene wahrnehmen zu können, ist ein gut ausgeprägter Hörsinn wichtig, man braucht also seine Ohren. Wenn die Ohren gut funktionieren, kann man die gesprochenen Informationen wie ein Schwamm aufsaugen und verarbeiten. Diesem Lerntyp hilft es, wenn er sich selbst verschiedene Texte laut vorliest. Wenn du zu diesem Lerntyp zählst, genießt du den Vorteil, neues Wissen direkt aufnehmen und verarbeiten zu können. Anschließend kannst du es direkt in deinem Wissensschatz speichern. Der auditive Lerntyp ist darauf spezialisiert, dem, was andere mündlich erklären, direkt folgen und verstehen zu können.

Wer zu dem auditiven Lerntyp zählt, sollte sich CDs oder MP3s mit dem Lernstoff besorgen. Hört man sich diese an, lernt man direkt. Wahrscheinlich hast du ein Smartphone, welches die Sprachfunktion besitzt. Möchtest du herausfinden, ob du ein auditiver Lerner bist, kannst du den Stoff direkt einsprechen und anhören. Bereits das Einsprechen hilft dabei, einige Dinge zu lernen. Wenn dir diese Art und Weise, zu lernen, tatsächlich hilft, kannst du sehr wohl davon ausgehen, dass du ein auditiver Lerntyp bist.

Für auditive Lerntypen sind die Vorträge, welche beispielsweise von anderen Mitschülern gehalten werden, ebenfalls optimal, um sich neues Wissen anzueignen. Wer auditiv am besten lernt, kann das gesagte Wort besser und schneller verstehen. Ein wichtiges Indiz dafür, dass man ein auditiver Lerner ist, stellt das Selbstgespräch dar. Führst du hin und wieder Selbstgespräche? Wenn du die Frage mit Ja beantworten kannst, besteht tatsächlich die Möglichkeit, dass du auditiv am besten lernen kannst.

Für auditive Lerntypen ist eine ruhige Lernumgebung notwendig. Wenn ringsherum zu viele Geräusche existieren, fällt es dem Lerntyp schwer, den wichtigen Informationen zu folgen. Selbst noch so kleine Nebengeräusche sind große Ablenkungen für auditive Lerner.

Du hast bereits herausgefunden, dass du zu diesen Lerntypen zählst, und fragst dich, welche Lernhilfen dich unterstützen können? Höre dir doch einmal verschiedene Vorträge online an oder nutze Podcasts zu wichtigen Lernthemen. Wenn du dir den Lernstoff immer wieder laut vorliest, solltest du dabei immer laut und deutlich sprechen und nicht durch den Text rasen. So kannst du sicherstellen, neue Informationen bestmöglich aufzunehmen.

Manchmal versteht man, trotz eines ausgeprägten Hörsinns, die Dinge nicht direkt. Das ist kein Grund zur Beunruhigung, denn es besteht immer noch die Möglichkeit, andere nach einer Erklärung zu fragen und sich darüber auszutauschen. Solltest du während des Unterrichts manche Dinge nicht direkt verstehen, zögere nicht und frage deinen Lehrer oder die Vortrag haltenden Schüler, wie das Gesagte gemeint ist. Es kann dir dabei vollkommen egal sein, was andere denken. Du möchtest etwas lernen, also solltest du dafür auch alles Mögliche tun.

Kennst du Eselsbrücken? Diese können dich ebenso beim Lernen unterstützen. Hierfür musst du das Hauptwort aufschreiben und mit anderen kombinieren. Wenn du sie dir immer wieder laut vorliest, wird es einfacher, sich diese einzuprägen.

Mündliche Vorträge können von auditiven Lernern ohne Probleme gemeistert werden. Möchtest du das Halten von Vorträgen üben, kannst du deine Hausaufgaben wie Vorträge betrachten. Nutze die Chance und trage diese deinen Eltern, Geschwistern oder Freunden vor. Den Lerninhalt hörst du dadurch selbst und du erkennst direkt, wo noch Verbesserungsbedarf besteht.

Versuche doch einmal, den Lerninhalt mit ausgedachten Liedern zu verknüpfen. Das, was du lernen musst, kannst du in ein eigenes Lied umwandeln. Das neue Wissen kannst du so sehr gut speichern. Hierfür ist jedoch eine angenehme Geräuschkulisse für die Konzentration notwendig.

Lerntipps für den auditiven Lerntypen

✓ Lese dir Schulbuchtexte, Vokabeln oder Texte aus Arbeitsheften sowie Notizen laut vor. Durch das Vorlesen wird dein Ohr besonders in deinen Lernprozess integriert und das Gelesene kann besser aufgenommen werden.

✓ Verwende Hörbücher oder andere Audio-Medien. Findest du nichts Passendes zum Thema, kannst du deinen Text beispielsweise in dein Smartphone einsprechen und diesen zum Lernen abspielen.

✓ Nutze den Rhythmus der Musik, um Vokabeln zu lernen. So kann dein Gehirn unbekannte Themen besser abspeichern.

✓ Wenn du das Gelernte bereits abgespeichert hast, kann es hilfreich sein, wenn du die Lerninhalte deiner Familie in Form eines Vortrags vorträgst. Auf diese Weise kannst du mögliche Wissenslücken schneller aufdecken.

Der kommunikative Lerntyp

Möchte sich dieser Lerntyp neues Wissen aneignen, muss er vor allen Dingen mit anderen kommunizieren. Kommunikation bedeutet, sich mit anderen auszutauschen, in diesem Fall vor allem über das zu Lernende. Durch das Sprechen über die Lerninhalte kann sich dieser Lerntyp jede Menge neue Informationen aneignen. Auch für diesen Lerntypen sind Vorträge und Diskussionsrunden sowie das Stellen von Fragen im Unterricht essenziell. Eigene Vorträge, die schriftlich festgehalten wurden, sind ebenfalls wichtig, denn das, was geschrieben wurde, kann im Anschluss mit anderen diskutiert werden.

Wenn etwas Neues erklärt wird, reicht dies diesem Lerntyp längst nicht aus. Er möchte darüber sprechen, um bestmöglich davon zu profitieren.

Wird er zum Erklärer, haben nicht nur seine Zuhörer, sondern allen voran er selbst etwas davon, besonders dann, wenn er die Meinungen der anderen einbezieht. Durch Frage-Antwort-Runden tun sich neue Ansichten auf, die wiederum diskutiert werden können und neues Wissen bereithalten. Zudem besteht hier der Vorteil, dass er sowohl Erklärender als auch Zuhörer sein kann, um bestmöglich zu lernen.

Möchtest du wissen, ob du möglicherweise genau dieser Lerntyp bist? Dann suche dir ein Thema aus und lasse dir dieses von anderen erklären und diskutiert gemeinsam darüber. Stellst du fest, dass dir der Austausch sehr viel bringt, weißt du, dass du genau dieser Lerntyp bist.

Gibt es in deiner Schule vielleicht Lerngruppen? Frage doch einmal nach, ob du beitreten kannst. Sie bieten dir optimale Möglichkeiten, auf kommunikativer Ebene zu lernen. Das Frage-Antwort-Spiel ist für den Lerntyp ebenfalls von Vorteil, denn dieses fördert den Austausch und die Diskussion. Wähle dafür Themen aus, die es für die Schule zu lernen gilt.

In deiner Freizeit kannst du ebenfalls vieles durch Diskussionen lernen, indem du mit deinen Freunden, Geschwistern, Eltern und anderen Familienmitgliedern immer wieder die verschiedensten Themen diskutierst. Dabei musst du die Aussagen der anderen nicht immer gut finden. Weiter voran bringt dich das Hinterfragen dieser. Findest du passende Antworten, kannst du anderen sogar noch etwas beibringen und sie ebenfalls dazu anregen, nachzudenken und zu hinterfragen.

Sprich die Dinge an und stelle immerzu Fragen, auch wenn es andere möglicherweise nervt. Das muss dich nicht interessieren, denn du möchtest etwas lernen und dazu kannst du nicht ständig Rücksicht auf die Befindlichkeiten anderer nehmen. Außerdem: Wer viele Fragen stellt, lernt viel.

Eine optimale Lernhilfe stellen auch die Rollenspiele dar. So kannst du in verschiedene Rollen schlüpfen und die Dinge aus ganz unterschiedlichen Perspektiven betrachten. Das hilft dir dabei, mehr und vor allem objektives Wissen über verschiedene Themen zu erlangen.

Beschäftige dich nicht allein mit den zu lösenden Aufgaben, denn es ist wichtig, sich auszutauschen, solltest du ein kommunikativer Lerner sein. Lade Freunde ein und lernt gemeinsam. Vielleicht könnt ihr ein Wissensquiz zu den Lernthemen entwickeln, bei welchem es wichtig ist, über die Themen zu diskutieren. Obendrein lässt sich so das Nützliche mit dem Angenehmen verbinden.

Lerntipps für den kommunikativen Lerntyp

✓ Suche dir Mitschüler, die gemeinsam mit dir lernen. So könnt ihr euch über den jeweiligen Lernstoff austauschen.

✓ Erprobe deinen Lernstoff in Form eines Rollenspiels.

✓ Lerne auf spielerische Art, beispielsweise durch ein Quiz. Hierzu kannst du deine Lerninhalte auf Karteikarten packen und dich selbst abfragen oder dich von einem Familienmitglied oder Freunden abfragen lassen.

✓ Nutze Lernchats, um dich über verschiedene Lerninhalte auszutauschen.

Der haptische/motorische Lerntyp

Ich habe diesen Lerntypen bewusst an die dritte Stelle gesetzt, denn er hat noch einen dritten Namen: der kinästhetische Lerntyp. Hierzu zählen alle Menschen, die durch Berührungen am besten lernen können. Man sagt auch, dass diese Menschen durch das Greifen die Dinge begreifen.

Bist du ein motorischer Lerner, erkennst du das daran, wenn du gerne selbst aktiv bist. Am besten können diese Lerner etwas Neues erlernen, wenn sie sich in Bewegung setzen. Du kannst beispielsweise die Lerninhalte auf Zettel schreiben und in deinem Zimmer oder der Wohnung verteilen. Anschließend gehst du zu diesen Zetteln und liest, was darauf steht. Wenn du weitergehst, kannst du über das Gelesene nachdenken und es so verarbeiten und abspeichern.

Schauen wir uns doch einmal das Rutschen an. Wenn du ein haptischer Lerner bist und die physikalischen Abläufe verstehen willst, musst du selbst rutschen und spüren, was vor sich geht. So bist du ganz direkt am Lernprozess beteiligt.

Ein haptischer Lerner lernt etwas, wenn er es selbst macht. Hier ist die Redewendung „Learning by doing“ optimal, um genau diesen Prozess zu beschreiben. Haptische Lerner lernen, wenn sie selbst handeln. Um noch einmal auf das Beispiel mit den verteilten Zetteln in der Wohnung zurückzukommen: Das, was dieser Lerntyp durch Bewegung erlernt, bleibt eher in seinem Gedächtnis hängen. Auch für diesen Lerntyp sind Rollenspiele und Bewegungsspiele optimale Lernhilfen und Möglichkeiten, etwas nachzuahmen. Hierzu zählen auch Gruppenaktivitäten.

Du möchtest herausfinden, ob du zu diesem Lerntypen zählst? Dann solltest du verschiedene Übungen ausführen, welche deine körperliche Aktivität voraussetzen. Verknüpfe sie mit dem, was es zu lernen gilt, und schon hast du eine effektive und optimale Lernstrategie gefunden.

Lerntipps für den haptischen bzw. motorischen Lerntyp

✓ Lerne mithilfe von Experimentierkästen, um dich praktisch am Lernstoff zu erproben. Zudem kannst du mit Spielen wie Scrabble deine Grammatik und Rechtschreibung trainieren.

✓ Bleibe beim Lernen in Bewegung. Hierzu kannst du beim Lernen beispielsweise rhythmisch in die Hände klatschen, Grimassen schneiden oder durch den Raum laufen, während du versuchst, dir den Lernstoff einzuprägen.

✓ Sprachliche Inhalte lernt der motorische Lerntyp gut durch die Anwendung. Hier eignen sich vor allem ein Schüleraustausch oder Tandem-Chats sowie Online-Lernplattformen, auf denen du dein Wissen erproben kannst.

✓ Wähle zum Lernen eine Lerngruppe, mit der du gemeinsam ein Rollenspiel zum Lernstoff durchführst.

Der visuelle Lerntyp

Dieser Lerntyp wird auch der Seher genannt, denn er kann besonders gut lernen, wenn er die Dinge sehen und somit neue Informationen aufnehmen kann. Egal, ob Beobachtungen, das Betrachten von Bildern oder das Lesen, alles, was er mit den Augen, also seinem Sehsinn, wahrnimmt, wird verarbeitet und gespeichert.

Grafische Darstellungen sind eine hervorragende Hilfe, denn durch das Betrachten dieser erlangt der Lerntyp ein tieferes Verständnis. Die zu lernenden Inhalte werden für ihn greifbarer und anschaulicher. Zudem helfen Bilder und Grafiken dabei, den Überblick zu behalten. Der visuelle Lerntyp kann neues Wissen ebenso hervorragend erlernen, wenn der Inhalt lebhaft dargestellt wird. Liest du gerne? Betrachtest du gerne Grafiken oder Bilder? Beides sind mögliche Anzeichen dafür, dass du ein visueller Lerntyp bist.

Visuelle Lerner bevorzugen eine möglichst helle Lernumgebung. Die besten Arbeitsmittel für visuelle Lerner sind vor allem anschauliche Tafelbilder und schriftliche Unterlagen. Wenn du im Unterricht gerne mitschreibst, ist dies das nächste Indiz dafür, dass du zu diesem Lerntyp zählst. All die Informationen, die ein visueller Lerntyp aufschreibt und liest, bleiben fest in seinem Gedächtnis verankert. Hast du schon einmal von einem fotografischen Gedächtnis gehört? Genau das ist hiermit gemeint. Weitere großartige Lernhilfen können Karteikarten, Videos oder Poster sein.

Solltest du ein visueller Lerner sein, rate ich dir, von nun an im Unterricht so viel, wie es nur geht, mitzuschreiben. Es geht nicht einzig und allein darum, das Tafelbild, welches der Lehrer bereitstellt, in dein Heft zu übertragen.

Schreibe auch die Dinge mit, welche euch der Lehrer erzählt. Alles, was du aufschreibst, kannst du durch späteres Lesen noch einmal verinnerlichen.

Veranschauliche das Aufgeschriebene mit Skizzen und Diagrammen. Beides kann dir dabei helfen, dass das neue Wissen verständlicher und greifbarer wird. Außerdem können Zusammenhänge so besser verstanden werden. Nutze Zeitschriften oder das Internet und wähle Bilder aus, die zu deinem Lernthema passen. Diese kannst du ausschneiden und neben das Aufgeschriebene kleben, denn so kannst du beides verknüpfen und für optimale Lernerfolge sorgen.

Wenn es darum geht, neue Vokabeln einer Fremdsprache zu lernen, sind Karteikarten sehr hilfreich. Du kannst sie jedoch auch für andere Unterrichtsfächer nutzen, wenn du ein visueller Lerntyp bist. Schon allein das Aufschreiben sorgt dafür, dass du die neuen Informationen speicherst. Witzigerweise lernen visuelle Lerntypen dadurch nicht nur den aufgeschriebenen Text, sondern merken sich obendrein noch die Merkmale, welche die Karteikarten mit sich bringen, wie beispielsweise ein kleiner Tintenfleck in der unteren Ecke. Durch diese Details können sich die visuellen Lerner auch den Lerninhalt viel besser einprägen. Es sind quasi die bildlichen Eselsbrücken.

Wenn du den neuen Unterrichtsstoff aufschreibst, solltest du dies mit eigenen Worten formulieren. Lesen ist eine wunderbare Sache, um neue Dinge zu lernen. Wer aber nur liest, wird sich nur die Hälfte einprägen können. Wird das Gelesene aufgeschrieben, prägt man sich noch etwas mehr ein. Formuliert man das neue Wissen jedoch in eigenen Worten, so kann man davon ausgehen, dass sehr viel mehr Informationen gespeichert werden und man das neue Wissen verstanden hat.

Nutze große Poster und Mindmaps, um Zusammenhänge bildlich festhalten zu können. Beides hilft dir dabei, dir den Unterrichtsstoff einprägen zu können. In deinem Zimmer kannst du die Poster aufhängen und jedes Mal, wenn du an ihnen vorbeigehst, dir die Bilder anschaust und das Geschriebene noch einmal liest, erlangst du wieder etwas mehr Wissen.

Wer lernen möchte, muss konzentriert sein. Damit du deine Konzentration steigern kannst, habe ich eine kleine Übung für dich parat. Alles, was du dafür brauchst, ist ein Memoryspiel aus deiner Kindheit. Dieses Lernspiel funktioniert vor allem, wenn man mit anderen gemeinsam lernt. Schreibe das zu Lernende auf Karten. Wenn zwei Texte zusammengehören, sollten auch die Bilder zusammenpassen. Verdecke nun alle Bilder und finde die Paare heraus.

Lerntipps für den visuellen Lerntyp

✓ Nutze zum Lernen Bilder, Grafiken, Poster, Tabellen, Tafelbilder oder Darstellungen, die den Lernstoff anschaulich wiedergeben.

✓ Nutze für die Erfassung deiner Lerninhalte Karteikarten.

✓ Erfinde Geschichten zum Lernstoff, die dein Kopfkino anregen. Das unterstützt dich dabei, dir die Lerninhalte besser einzuprägen.

✓ Sieh dir Lernvideos oder Dokumentationen an, die sich mit den Inhalten deines Lernstoffs beschäftigen.

Wie man herausfindet, welcher Lerntyp man ist

Für jeden Schüler und auch Auszubildenden spielt das Lernen eine sehr große Rolle. Wenn du herausfinden möchtest, wie du am besten lernen kannst, solltest du wissen, dass du dies nur für dich ganz allein herausfinden kannst. Hierfür gibt es zum Beispiel einen Lerntypentest, welchen du dir anschauen und durchführen kannst. Bevor du diesen Test direkt ausprobierst, möchte ich dir noch eines mit auf den Weg geben: Das Ergebnis, welches du bekommst, solltest du als eine Hilfe zur Orientierung sehen. Solche Tests sind schön und gut, jedoch geben sie uns keine Antworten, die zu 100 % sicher sind.

Der Lerntypentest

Im Nachfolgenden werden dir einige Aussagen vorgestellt, die du hinsichtlich ihres Zutreffens einordnen sollst. Lese dir hierzu die Aussagen durch und bewerte, ob sie wenig zutreffen (1), teilweise zutreffen (2) oder vollständig zutreffen (3).

1. Ich merke mir Fakten gut und versuche, mir Zusammenhänge zu verdeutlichen.

(1) (2) (3)

2. Am sichersten fühle ich mich, wenn ich Lerninhalte auswendig lerne. Auf diese Weise kann ich am wenigsten Fehler machen.

(1) (2) (3)

3. Ich melde mich im Unterricht nur dann, wenn ich sicher bin.

(1) (2) (3)

4. Am wenigsten mag ich Gruppenarbeiten und Rollenspiele. Sie zählen nicht zu meinen Stärken.

(1) (2) (3)

5. Am besten kann ich mir Lerninhalte im Gespräch mit anderen einprägen.

(1) (2) (3)

6. Aufgaben, die mir im Schulkontext gestellt werden, löse ich ehrgeizig.

(1) (2) (3)

7. Unter Stress begleitet mich die Angst, zu versagen.

(1) (2) (3)

8. Beim Lernen benötige ich Ruhe und tausche mich nur ungern aus. Dennoch bin ich beim Lernen fleißig

(1) (2) (3)

9. Inhalte kann ich mir am besten merken, wenn mir der Lernprozess Spaß bereitet.

(1) (2) (3)

10. Beim Lernen bewege ich mich am liebsten, da es mir dann leichter fällt, mir Lerninhalte zu merken.

(1) (2) (3)

11. Lerninhalte prägen sich mir am leichtesten ein, wenn ich zum Lernen Bilder oder visuelle Darstellungen nutze.

(1) (2) (3)

12. Meistens reagiere ich spontan und ohne darüber nachzudenken.

(1) (2) (3)

13. Wenn ich meine Leistungen nicht abrufen kann, demotiviert mich das.

(1) (2) (3)

14. Mein Schreibtisch sowie meine Lern- und Arbeitsweise sind eher chaotisch und unorganisiert.

(1) (2) (3)

15. Beim Lernen versuche ich oft, mir Bilder und Skizzen zu den Lerninhalten vorzustellen, weil ich mir die Inhalte dann besser merken kann.

(1) (2) (3)

16. Bei Unterrichtsausfall bin ich meist nicht begeistert, da ich die Unterlagen für Vertretungsstunden nur selten mit mir führe.

(1) (2) (3)

17. Am wohlsten fühle ich mich beim Lernen in meiner gewohnten Umgebung. An unterschiedlichen Orten lerne ich nicht gerne.

(1) (2) (3)

18. Zum Verstehen muss ich die Funktionsweise nicht ausprobieren. Mir reicht es aus, wenn ich mir davon gedanklich ein eigenes Bild mache.

(1) (2) (3)

19. Beim Lernen höre ich am liebsten Musik.

(1) (2) (3)

20. Beim Verfassen von Aufsätzen kann ich mich gut in andere Perspektiven versetzen.

(1) (2) (3)

Die Auswertung

Wenn du den Fragebogen ganz ausgefüllt hast, solltest du die jeweils angekreuzten Zahlen hinter den einzelnen Fragen addieren, um ihn auszuwerten:

Strukturell: Aussagen 1, 4, 6, 13 und 18 ______________________ Punkte

Sicherheitsliebend: Aussagen 2, 3, 8, 16 und 17 ________________ Punkte

Emotional: Aussagen 5, 7, 12, 19 und 20 _______________________ Punkte

Kreativ: Aussagen 9, 10, 11, 14 und 15 ________________________ Punkte

Die Bereiche mit den höchsten Punktzahlen machen deinen Lerntyp aus. Über die einzelnen Eigenschaften strukturell, sicherheitsliebend, emotional und kreativ solltest du dabei Folgendes wissen:

Der strukturelle Lerner: Der strukturelle Lerner versucht, die Ordnung hinter Dingen zu erkennen. Ihm fällt es leicht, Wissen abstrakt zu verstehen und selbiges zu verallgemeinern. Am besten kann er sich an Fakten, Gesetzen und Regelmäßigkeiten orientieren. Die Aufgaben sollten dabei abwechslungsreich sein. Am liebsten arbeitet er mit visuellen Elementen und er liest gerne. Auch Lernvideos können seinen Lernfortschritt beschleunigen, weshalb er zum **visuellen Lerntyp** gehört.

Tipps:

✓ Fertige dir Mindmaps zum Lernstoff an und bestimme, wann immer möglich, mehrere Lösungswege für ein Problem.

✓ Unterstütze Mitschüler bei der Bewältigung von Aufgabenstellungen, indem du ihnen Fragen stellst.

✓ Reflektiere, wie sich andere über den Lernstoff äußern, und lies ergänzende Bücher zum Thema.

Der sicherheitsliebende Lerner: Der sicherheitsliebende Lerner liebt es, alles über ein Thema zu erfahren. Fakten lernt er dabei einfach auswendig. Besteht an bestimmten Fakten ein besonderes Interesse, geht der sicherheitsliebende Lerner gerne ins Detail. Er arbeitet zuverlässig und ordentlich. Aufgaben werden gewissenhaft erledigt. Am liebsten eignet sich der sicherheitsliebende Lerntyp Informationen über das Gehör an, weshalb er zum **kommunikativen Lerntyp** zählt. Er hört sich gerne Radiosendungen und Hörspiele zum Problem an und kann seinen Lernfortschritt damit sinnvoll unterstützen.

Tipps:

✓ Verwende für das Lernen Lernvideos.

✓ Gib die Lerninhalte mit deinen eigenen Worten wieder.

✓ Visualisiere Schaubilder und Lerninhalte.

✓ Erstelle dir einen Zeitplan zum Lernen.

✓ Untergliedere deine Aufgabenstellungen in Teilschritte und beginne mit den leichtesten Aufgaben.

Der emotionale Lerner: Der emotionale Lerner hat einen gefühlsbetonten Zugang zum Lernstoff. Das heißt, um etwas zu verstehen, muss er die Lerninhalte verinnerlichen. Abstrakte Regeln und Formeln werden vom emotionalen Lerner auswendig gelernt. Damit er gut lernen kann, ist es ihm wichtig, dass seine Lernzettel gut visualisiert sind. Am besten lernt er in einer Lernumgebung, die ihm Geborgenheit vermittelt. Dabei kann es hilfreich sein, wenn über die Lerninhalte gesprochen wird, weshalb er auch zum **kommunikativen Lerntyp** zählt.

Tipps:

✓ Übe Fachwörter eindringlich und lies dir den Lernstoff laut vor. Alternativ kannst du dich mit Mitschülern über den Lernstoff austauschen.

✓ Strukturiere den Lernstoff und visualisiere ihn mithilfe von Schaubildern oder Mindmaps.

Der kreative Lerner: Der kreative Lerner lernt sowohl visuell als auch durch das praktische Erleben des Lernstoffs. Er zählt daher zum **haptischen bzw. motorischen Lerntyp**. Markierungen nimmt der kreative Lerner am liebsten farbig vor, um sich auf seinen Lernzetteln besser orientieren zu können.

Tipps:

✓ Lerne mithilfe von Experimentierkästen und Lernvideos, die den Lernstoff, den du behandelst, aufarbeiten.

✓ Entwerfe To-do-Listen, anhand derer du dich organisieren kannst.

✓ Teile die Arbeitsschritte in kleinere Etappen auf. [1]

---

1 In Anlehnung an: LVB Lernen e.V & Thomas-Mann-Schule. (o. D.). Fragebogen - Welcher Lerntyp bin ich? https://www.thomas-mann-schule.de/wp-content/uploads/2017/02/Lerntypentest.pdf. Abgerufen am 21. Januar 2023, von https://www.thomas-mann-schule.de/wp-content/uploads/2017/02/Lerntypentest.pdf, Stand: 21.02.2023

LERNSTRATEGIEN

Neben den Lerntypen spielen auch verschiedene Strategien eine Rolle, wie man etwas Neues erlernen kann. Einige dieser Lernstrategien möchte ich dir nun kurz vorstellen. Die eine oder andere Strategie wirst du wahrscheinlich bereits kennen.

Kognitive Lernstrategie

Diese Lernstrategie beinhaltet alle Verhaltensweisen, welche wir beim Lernen ausführen.

- Lesen
- Recherchieren
- Auswendiglernen
- Wichtiges markieren
- Wiederholungen

Durch diese Lernstrategie erhalten wir eine Struktur, um neues Wissen zu erlangen. Der Lerninhalt kann mit diesen Strategien verknüpft werden. Wichtig dabei ist der Bezug zu den jeweiligen Funktionen. Man kann die kognitive Lernstrategie in drei Unterkategorien einteilen.

- Wiederholungsstrategie: Eselsbrücken, Karteikarten, lautes Sprechen
- Organisationsstrategie: den Lerninhalt auf das Wesentliche reduzieren
- Elaborationsstrategie: altes und neues Wissen wird verknüpft

Metakognitive Lernstrategie

Mit dieser Strategie kann man sich einen Überblick und einen Durchblick verschaffen. Man erhält gewissermaßen einen Blick von oben auf die Lernvorgänge, welche man so besser steuern, bewerten, planen, überwachen und regulieren kann.

- Planen von Lerninhalten
- Überprüfen von Fortschritten
- Herstellung von Zusammenhängen
- Bewertung des Lernstoffs
- Überprüfung des vorhandenen Wissens

Ressourcenbezogene Lernstrategie

Diese Strategie beschäftigt sich vor allem mit dem notwendigen Material sowie mit Rahmenbedingungen wie Zeit und Raum.

- Lernbedingungen
- Zeitmanagement
- Arbeitsplatzgestaltung
- Krafteinsatz

Um das eigentliche Lernen bestmöglich zu fördern, entwickelt man externe Lernstrategien.

Domänenspezifische Strategie

Um diese Lernstrategie zu erklären, müssen wir uns vorher den Begriff Domäne genauer ansehen. Hinter diesem verbirgt sich ein spezifischer Wissensbereich.

Richtet sich eine Lernstrategie auf eine Domäne, kann das hilfreich sein, wenn man auftretende Schwierigkeiten lösen muss. Domänenspezifische Strategien sind äußerst effektiv und deren Ergebnisse sind fast immer positiv. Von Expertenwissen sprechen wir, wenn ein Mensch neue Erfahrungen sammelt und damit sein Wissen verfeinern konnte. Dieser Mensch gilt dann auf bestimmten Gebieten als Experte.

Hinweis: Stures Auswendiglernen verhilft nicht zu Expertenwissen. Zwar weiß man für den Moment all das, was auswendig gelernt wurde, mit der Zeit verliert man jedoch dieses Wissen wieder, da es sich nicht fest im Gehirn verankern konnte. Neu erlerntes Wissen muss angewendet werden, um es dauerhaft speichern zu können.

Lerntechniken

Es gibt nicht nur Lernstrategien oder Lerntypen, sondern auch verschiedene Lerntechniken. Hinter dem Wort Lerntechnik verbirgt sich ein Verfahren, mit welchem man das eigene Lernen optimieren kann. Jeder Mensch muss für sich selbst herausfinden, welche der zahlreichen Techniken für ihn selbst die beste ist. Das funktioniert nur, wenn man sie aktiv ausprobiert.

Das Wort Lerntechnik lässt sich aber auch wie folgt definieren: Die Lerntechnik ist ein Verfahren, welches das Lernen optimieren soll, indem es an die persönlichen Bedürfnisse des Individuums und dessen Ressourcen angepasst wird. Lerntechniken helfen dabei, den Lernprozess selbst besser zu planen, zu kontrollieren und zu gestalten. Wer seine Technik richtig auswählt, kann mit einer hohen Wirksamkeit dieser rechnen.

Regelmäßiges Wiederholen

Diese Lerntechnik kennst du mit Sicherheit. Alles, was du bisher erlernen konntest, wird ganz einfach wiederholt, und zwar regelmäßig. Damit möchte ich nicht sagen, dass du dies täglich tun solltest, jedoch solltest du regelmäßige Abstände dafür wählen. Durch das regelmäßige Wiederholen kann neues Wissen im Langzeitgedächtnis gespeichert werden.

Tipp:
Fertige dir hierzu beispielsweise einen Lernplan an, auf dem du deine Wiederholungsintervalle festhältst. So kannst du dich bis zur anstehenden Prüfung strukturieren und die Anzahl der Wiederholungen planen. Solltest du keinen Lernplan haben, kannst du alternativ einen Stundenplan oder dein Hausaufgabenheft für die Planung verwenden.

Inhalt verstehen

Was nützt es, wenn man etwas lernt, das neue Wissen jedoch nicht versteht? Um das zu überprüfen, hast du viele verschiedene Möglichkeiten. Beispielsweise kannst du dich von deinen Freunden oder der Familie befragen lassen. Wenn du etwas nicht verstanden hast, fragst du andere, ob sie dir das Ganze noch einmal erklären können. Nur wer die Informationen auch tatsächlich verstehen kann, ist dazu in der Lage, diese im Langzeitgedächtnis abzuspeichern.

Die Loci-Methode

„Loci" ist ein englisches Wort und bedeutet „Platz oder Ort". Gedächtnissportler wenden diese Methode sehr gerne an. Wer diese Methode anwenden möchte, kann dies ohne große Anstrengung tun. So geht das Erlernen von neuen Dingen wunderbar einfach.

Viele Menschen können sich Abfolgen nur recht schwer merken. Mit der „Loci-Methode" soll jedoch eine fiktive Struktur erstellt werden, die das Speichern von Abfolgen erleichtern wird.

Und so funktioniert es: Stelle dir einen Weg vor, welcher verschiedene Ziele bereithält. Jedes dieser Ziele verknüpfst du mit Lerninhalten. Dein Gehirn wird automatisch zwischen diesen Punkten und dem Lerninhalt einen Zusammenhang erstellen. So entsteht eine übergeordnete Struktur, welche es dir erleichtert, die Reihenfolge von Dingen wiedergeben zu können.

Der Weg, welchen du für diese Lernmethode auswählst, sollte bereits bekannt sein und ausreichend Punkte mit sich bringen, um die Lerninhalte damit zu verknüpfen. Je öfter du dies wiederholst, desto mehr Lerninhalte kannst du auch an einen Ort packen. Das spart Platz und du kannst dich leichter an die Dinge erinnern.

Das Lernen mit dieser Methode erfordert jedoch das regelmäßige Wiederholen, denn ohne dieses kannst du das neue Wissen nicht in deinem Langzeitgedächtnis abspeichern.

Vorgehen

✓ **Schritt 1:** Suche dir einen bekannten Platz und bestimme einen Wegpunkt (Beispiel: Küche).

✓ **Schritt 2:** Lege eine Reihenfolge für die Wegpunkte fest und lege dich dann auf eine entsprechende Route fest. Wähle die Route dabei so, dass du sie dir gut einprägen kannst (Beispiel: Kühlschrank, Backofen, Tisch, Stuhl, ...).

✓ **Schritt 3:** Verknüpfe mit jeder zu lernenden Information ein mentales Objekt auf deiner Route (Beispiel: Kühlschrank – Satz des Pythagoras, Backofen – Hypotenuse, ...)

✓ **Schritt 4:** Rufe die erlernte Information ab, indem du die Route mental erneut abläufst.

Karteikarten und Bilder

Diese Lerntechnik erfordert dein inneres Auge. Stelle dir zu jedem Lerninhalt ein eigenes Bild vor. Auf diese Art und Weise kannst du den Lerninhalt visualisieren. Nutze Mindmaps, um das zu Lernende bildlich darzustellen. Das hilft dir dabei, Zusammenhänge zu verknüpfen.

Nutze Karteikarten und schreibe dir den Lernstoff auf. So hast du etwas, das du greifen und überallhin mitnehmen kannst, das ermöglicht dir, überall zu lernen. Mit Karteikarten kannst du Vokabeln oder Definitionen hervorragend erlernen. Du kannst auf die Vorderseite den Begriff schreiben und auf die Rückseite die Erklärung. Damit deine Karteikarten nicht wild umherfliegen, kannst du diese in einem Karteikasten systematisch ordnen. So hast du Struktur und kannst jederzeit auf den Lerninhalt zurückgreifen.

ABC-Technik

Unser Alphabet bietet eine ganz klare Struktur, welche du hervorragend nutzen kannst, um neues Wissen zu erlernen. Besonders für das Vokabellernen ist diese Methode sehr gut geeignet. Verknüpfe die Lernwörter mit den jeweiligen Buchstaben. Beispiel: T wie Telefon. So kannst du dir den Buchstaben sowie das Bild des Telefons gut einprägen.

Beispiel
Thema Satz des Pythagoras

A	Ankathete
B	Beziehung zwischen den Seiten a, b und c
C	C meist Hypotenuse
D	Dreieck
E	
F	Formel für Flächen
…	

Beachte: Nicht alle Buchstaben müssen ausgefüllt werden.

Mindmaps und Concept-Map

Manche Sachen erscheinen kompliziert, jedoch muss die Art und Weise, wie du diese erlernst, nicht kompliziert sein. Die Nutzung von Mindmaps bietet sich hierfür hervorragend an. Du schreibst ein ausschlaggebendes Wort in die Mitte. Ringsherum erstellst du kleine Sprechblasen mit wichtigem Inhalt, welcher sich auf das Leitwort bezieht. Verbinde diese Sprechblasen mit dem Leitwort durch Linien. So schaffst du dir einen Überblick und kannst gleichzeitig deine eigenen Gedanken ordnen.

Die Concept-Map hilft dir dabei, verschiedene Begriffe zu visualisieren. Diese Begriffe stehen alle im Zusammenhang und werden mit einer Art Netz miteinander in Verbindung gebracht.

Hinweis: Du kannst die Concept-Map auch hervorragend für deine Selbstreflexion nutzen.

Um die Concept-Map zu erstellen, kannst du wie folgt vorgehen:

- Die Begriffe werden in Rechtecke, Kreise oder Quadrate hineingeschrieben
- Nutze Pfeile, welche die Beziehungen der Begriffe darstellen
- Beschrifte die Pfeile, um die Beziehungsart zu definieren

Hinweis: Die Pfeilspitze ist ausschlaggebend für die Richtung, weshalb du den Pfeil ganz genau setzen musst.

Das sind die Unterschiede zur Mindmap:

- Es bestehen Querverbindungen zwischen den Begriffen
- Du kannst mehrere zentrale Begriffe nutzen
- Es dauert länger, die Concept-Map zu erstellen
- Die Concept-Map sieht eher wie ein Straßenbahnnetz aus
- Die Begriffsbedeutung schafft Struktur

Listen

Schreibe dir verschiedene Listen und schaffe Struktur. So kannst du deine Lerninhalte nämlich wunderbar in Themenbereiche gliedern. Musst du komplexe Themen lernen, kannst du ein Schlagwort als Überschrift an den Anfang deiner Liste setzen und darunter die notwendigen Details in Stichpunkten notieren.

Beispiele für Listen:

✓ To-do-Liste, auf der du festhältst, was du bereits gelernt hast. Erledigte To-dos versiehst du mit Haken.

✓ Checkliste, auf der du festhältst, welche Inhalte du für die anstehende Prüfung abarbeiten musst. Erledigte Inhalte versiehst du mit Haken.

✓ Liste, auf der du Termine für die Wiederholung des Lernstoffs festlegst.

✓ ...

SQR3-Technik

Mit dieser Lerntechnik kannst du wissenschaftliche Texte wunderbar auseinandernehmen und deren Inhalte lernen. Das funktioniert wie folgt:

Schaue dir das Inhaltsverzeichnis an und verschaffe dir somit einen Überblick über die Themen.

Überlege dir, was der Text erzählen könnte. Schreibe außerdem Fragen auf, welche dir beim Lesen aufkommen.

Beginne nun damit, das Hauptwerk zu lesen, und markiere wichtige Stellen. Fasse dann die Textstellen zusammen und du wirst feststellen, dass du den gelesenen Text erklären kannst.

Vorgehen:

✓ Schritt 1: Survey → In dieser Phase machst du dich mit den Lerninhalten vertraut. Hierzu liest du den Text noch nicht, sondern verschaffst dir einen ersten Überblick. Stelle dir hierbei beispielsweise die folgenden Fragen:

- Sind thematische Schwerpunkte erkennbar?

✓ Schritt 2: Question → Bevor du mit dem Lesen beginnst, richtest du in diesem Schritt Fragen an den Text:

- Was möchtest du nach dem Text wissen?
- Welche Inhalte sollten erläutert werden?

✓ Schritt 3: Read → In dieser Phase liest du den Text aufmerksam. Markiere dabei wichtige Aspekte mit einem Textmarker. Hierbei solltest du die Fragestellungen aus Schritt 2 beachten.

✓ Schritt 4: Recite → In diesem Schritt gehst du die einzelnen Abschnitte des Textes erneut durch. Dann notierst du dir die Antworten auf die Fragen aus Schritt 2. Wenn es dir hilfreich sein sollte, kannst du zudem eine Mindmap zu den Lerninhalten anfertigen, um dir diese zu verdeutlichen. Versuche hierbei, darauf zu achten, dass du den Text mit deinen eigenen Worten und nicht mit jenen des Autors wiedergibst.

✓ Schritt 5: Review → In diesem Schritt koppelst du das neu erlernte Wissen an dein bisheriges Wissen. Hierzu suchst du konkret nach Anknüpfungspunkten.

Gedächtnispalast

Diese Lerntechnik ähnelt der Loci-Methode. Hierfür stellst du dir jedoch anstelle eines Wegs ein Gebäude vor. Die Lerntechnik sieht vor, das vorgestellte Gebäude mit Lernstoff zu füllen. Dabei helfen dir dein inneres Auge und der folgende Aufbau:

- Das Fundament wird mit dem Schlagwort befüllt
- Die Säulen des Gebäudes verknüpfst du mit wichtigen Eckdaten
- In den Dachboden können zusätzliche Details gepackt werden

Während einer Prüfung kann man in Gedanken das Gebäude durchforsten und so den Lerninhalt abrufen.

LERNUMGEBUNG

Du kennst nun verschiedene Lerntypen, Lernstrategien und Lerntechniken. Einen wichtigen Punkt, um wirklich richtig lernen zu können, müssen wir uns jedoch noch anschauen. Dabei kann es nur um die Lernumgebung gehen. Tatsächlich kann man nur optimal lernen, wenn die Umgebung gut ausgewählt ist.

Hast du dir schon einmal darüber Gedanken gemacht, wie für dich ein optimales Lernumfeld aussieht? Der folgende Text wird dir einige Punkte mit auf den Weg geben, die, wenn du sie beachtest, eine optimale Lernumgebung schaffen.

Ausreichend Ruhe ist das A und O

Eine der größten Ablenkungen beim Lernen sind Hintergrundgeräusche. Sorge dafür, dass diese so wenig wie möglich auftreten. Das gilt allem voran für auditive Lerntypen, denn deren Konzentration lässt bereits durch kleinste Hintergrundgeräusche nach. Deine Konzentration beim Lernen wird umso stärker, je weniger Geräusche dich dabei stören.

Störende Quellen sollten vermieden werden

Was meine ich mit störenden Quellen? Jeder hat heutzutage ein Handy oder einen PC in seinem Zimmer, manche sogar noch einen Fernseher. Lässt du den PC oder den Fernseher während des Lernens laufen, so wird es nicht lange dauern, bis sich deine Aufmerksamkeit auf das, was in diesen Geräten abgespielt wird, richtet. Das Gleiche gilt für Handys. Gibt dein Handy Geräusche von sich, weil jemand geschrieben hat, ist die Aufmerksamkeit fürs Lernen erst einmal weg.

Wenn du tatsächlich etwas lernen möchtest, solltest du diese Geräte während deiner Lernzeit ausstellen. Mache deiner Familie und deinen Freunden klar, dass du zu dieser Zeit keine Nachrichten oder Anrufe beantwortest. Damit du diese erst gar nicht hörst, solltest du dein Telefon auf lautlos stellen.

Beim Lernen muss man natürlich ab und an auch eine Pause einlegen. Nutze diese sinnvoll und verbringe sie nicht auf Social-Media-Kanälen, denn so besteht die Gefahr, dass du ganz schnell das Lernen vergisst. Gerade das Surfen auf Social-Media-Kanälen kann eine große Ablenkung darstellen. Man nimmt sich vor, nur zehn Minuten dort zu verbringen, und trotzdem vergehen oftmals Stunden.

Mache dir bewusst, dass du in dieser Zeit nichts verpasst, denn die wichtigen Nachrichten sind auch nach deiner Lernzeit noch da. Mit dem Lernen tust du aktiv etwas für deine Zukunft. Unser Gehirn wird außerdem durch die neuen Informationen regelrecht bombardiert, wodurch am Ende nicht genügend Platz für neue Lerninhalte ist.

Eine Störquelle kann auch die eigene Familie darstellen. Informiere sie rechtzeitig darüber, wann du konzentriert lernen möchtest und dass sie dich in diesem Zeitraum bitte nicht stören sollen. Das gilt allen voran für Kleinigkeiten, nicht aber für wichtige Dinge. Hilfreich kann hierfür ein selbstgemachtes Türschild sein, welches den Hinweis darauf gibt, dass du nicht gestört werden möchtest.

Ordnung

Das Chaos wird vom Genie beherrscht, für das Lernen gilt das jedoch nicht. Wer tatsächlich etwas lernen möchte, braucht Struktur und Ordnung. Es ist empfehlenswert, das eigene Zimmer vor der Lernphase gut aufzuräumen. Dazu zählt auch, dass du deine Lernumgebung optimal vorbereitest und alle Materialien bereitstellst, welche du in deiner Lernphase benötigst. Sorge für ausreichend Wasser und bewahre kleine Pausensnacks in deinem Zimmer auf. So hast du alles griffbereit und musst nicht erst herumsuchen.

Lüften

Lernen ist eine geistige Anstrengung, für die es Sauerstoff bedarf. Wenn du frische Luft in dein Zimmer lässt, sorgst du für ausreichend Sauerstoffzufuhr. Lüfte dein Zimmer vor deiner aktiven Lernphase, ganz besonders dann, wenn du an einer stark befahrenen Straße lebst und dein Fenster während der Lernzeit schließen musst, um Störquellen zu vermeiden. Wenn du während des Lernens Pausen einlegst, solltest du ebenfalls gut lüften, damit die verbrauchte Luft hinaus- und frische Luft hineinströmen kann. Mit der Zufuhr von frischer Luft vermeidest du, dass du Kopfschmerzen bekommst. Kopfschmerzen sind erstens nicht angenehm und rauben dir zweitens jegliche Konzentration.

Ausreichend Licht

Tageslicht ist das beste Licht, um zu lernen. Es wird jedoch auch Tage geben, an denen du erst am Abend Zeit zum Lernen findest. Und denke einmal an die Wintermonate, in denen es bereits sehr früh dunkel wird. Hast du genügend Beleuchtungsmöglichkeiten in deinem Zimmer? Sind die Leuchtmittel optimal? Das Licht sollte niemals zu grell sein, da es dich sonst blenden kann und deine Konzentration raubt. Wenig Licht sorgt außerdem dafür, dass man sehr schnell müde wird.

Temperatur und Luftfeuchtigkeit

Wärme und Kälte werden von jedem Menschen anders empfunden. Entscheide, welche Temperatur für dich zum Lernen optimal ist. Das gilt auch für die Kleidung, welche du während deiner Lernphasen trägst. Um konzentriert lernen zu können, musst du dich wohlfühlen. Kälte und Wärme dürfen dich nicht ablenken. Eine durchschnittliche Raumtemperatur von 22 Grad Celsius ist sehr empfehlenswert.

Die Luftfeuchtigkeit lässt sich jedoch etwas schwieriger regeln. Trotzdem solltest du dieser Beachtung schenken. In den Wintermonaten, also dann, wenn viel geheizt wird, sollte die Luftfeuchtigkeit zwischen 50 und 60 % liegen. Oft ist es jedoch so, dass die Zahlen viel niedriger sind, wodurch trockene Haut und juckende Augen keine Seltenheit sind. Du kannst die Luftfeuchtigkeit mit einem Hydrometer messen. Wenn dieses anzeigt, dass sich die Luftfeuchtigkeit unter 40 % befindet, solltest du während deiner Lernphasen regelmäßig stoßlüften. Wunderbar können auch nasse Handtücher auf der Heizung helfen, um die Luftfeuchtigkeit optimal zu halten.

Energie

Denken und somit Lernen können sehr intensive Prozesse sein, weshalb du in deinen kleinen Pausen immer wieder etwas essen solltest. Greife dabei nicht auf Süßkram zurück, sondern auf Lebensmittel, die tatsächlich Energie bringen. Verzichte auf fettiges Essen, da es schwer im Magen liegt und die Verdauung extrem anregt. Ist die Verdauung erst einmal angeregt, fließt jede Menge Blut in den Magen, wodurch man müde wird und die Konzentration sinkt. Empfehlenswerte Pausensnacks sind Obst und Gemüse, da sie dich mit genügend Vitaminen versorgen. Ich möchte jedoch nicht sagen, dass du gänzlich auf kleine schokoladige Snacks verzichten sollst, jedoch sollten sich diese in Grenzen halten.

Ergonomie

Die Höhe des Stuhls und jene des Tisches spielen beide eine sehr wichtige Rolle. Wenn du unbequeme Sitzmöglichkeiten hast, wird das schnell zu Schmerzen im Rücken- oder Nackenbereich führen. Dass die Konzentration hierdurch sinkt, liegt auf der Hand. Deine Lernzeit sollte so angenehm wie möglich sein, denn alles andere würde dir nur die Motivation rauben und dich davon abhalten, weitere Lernphasen anzugehen.

Fazit

Ein guter Zeitplan, ein perfektes Lernumfeld, die richtigen Lerntechniken und Strategien spielen eine sehr bedeutende Rolle für optimales Lernen. Wenn du deine Lernphasen richtig vorbereitest, wirst du schon bald Erfolge erzielen.

Kapitel 5: Die Berufswahl und der Ausbildungsbeginn

Nach der Schulzeit ist vor der Lehrzeit. Es stehen dir zahlreiche Möglichkeiten offen. Du musst nur herausfinden, was du eigentlich willst und wer du selbst bist. Genau darum soll es in diesem Kapitel gehen. Lies den nachfolgenden Text in aller Ruhe und nutze die Tipps, um all deine Fragen zu klären. Gelingt es dir, kannst du motiviert in dein Ausbildungsleben starten.

WER BIST DU EIGENTLICH?

Wer seinen Weg im Leben finden möchte, muss sich auf einen langwierigen Prozess einstellen, denn es ist nicht so einfach, den eigenen Weg zu finden. Die heutige Zeit bietet uns mehr als 1.000 Möglichkeiten. Auf der Suche nach dem eigenen Weg kann es helfen, sich direkt zu Beginn zu fragen, wer man selbst eigentlich ist.

Wie du herausfindest, wer du bist

In der Vergangenheit hatten die Menschen nicht so viele Möglichkeiten, wie wir sie jetzt haben. Auf der einen Seite können wir uns glücklich schätzen, auf der anderen Seite erschwert es uns den Weg, wenn wir herausfinden wollen, wer wir sind und wohin wir wollen. Egal, ob Hobbys, Beruf oder die Partnerschaft, wir haben die Wahl aus vielen Angeboten. Dadurch, dass wir eine so große Auswahl haben, ist es umso schwerer, Entscheidungen zu treffen. Du musst dir die vielen Möglichkeiten wie zahlreiche Bäume vorstellen, die einen großen Wald bilden. Gehst du hinein und schaust dir jede einzelne dieser Möglichkeiten an, so wirst du dich schnell verirren. Es kommt dann die Frage auf, was von alldem denn nun das Richtige für einen selbst ist.

Seit vielen Jahren befassen sich verschiedene Bereiche, wie Philosophie, Theologie und Psychologie, mit der Frage nach dem eigenen Selbst. Keiner dieser Bereiche kann einem die Antwort geben, denn nur du selbst kannst dich auf den Weg machen, um die Antwort zu suchen und letztlich zu finden. Das Wichtigste dabei ist, sich mit sich selbst intensiv zu befassen. Welche Wünsche und Ziele hast du? Welche Bedürfnisse hast du selbst? Wovon träumst du? Welche Möglichkeiten stehen dir in der Realität zur Verfügung?

Damit du herausfinden kannst, wer du selbst bist, möchte ich dir einige Leitfragen mit auf den Weg geben. Diese solltest du offen und ehrlich für dich selbst beantworten.

- Worin liegen deine Stärken?
- Was sind deine Schwächen?
- Welche Eigenschaften sind es, die dich auszeichnen?
- Welche Werte haben dein Leben bisher geprägt?
- Welche eigenen Werte hast du?
- Welche Bedürfnisse hast du?
- Was tust du, damit es dir gut geht?
- Welche Überzeugungen prägen dein Leben?
- Welche Glaubenssätze spielen für dich eine Rolle?

Jeder Mensch ist individuell. Somit kann jeder Mensch auch unterschiedliche Dinge angehen und jedem ist etwas anderes wichtig. Das ist auch der Grund, weshalb sich die Antworten auf die oben gestellten Fragen bei jedem unterscheiden. Der einfachste Weg, um herauszufinden, wer man selbst ist, stellt also die Beantwortung der Fragen dar. Doch ich muss dir an dieser Stelle verraten, dass es nicht so einfach ist, wie es scheint. Die Selbstfindung ist nicht nach der Beantwortung der Fragen getan. Selbstfindung ist ein langwieriger Prozess, mit vielen Höhen und Tiefen. Um den Weg zu sich selbst bestmöglich zu bestreiten, sollte man den Weg in kleinen Schritten gehen. Schon sind wir wieder bei den Zielen. Setze dir Etappenziele und du wirst dein Hauptziel erreichen.

Doch welche Schritte sind auf diesem Weg sinnvoll? Auch damit habe ich mich für dich eingehend beschäftigt und ich möchte dir diese wichtigen Informationen nicht vorenthalten.

Die Basis

Wer herausfinden möchte, wer er selbst eigentlich ist und was er vom Leben erwartet, sollte sich für eine längere Zeit mit sich selbst beschäftigen. Dabei ist es wichtig, mit sich selbst freundlich und verständnisvoll umzugehen. Die folgenden Dinge können dir dabei helfen:

- Glücklich kann ich sein, wenn ich ein Leben führe, welches zu meinen Stärken, Schwächen und der eigenen Persönlichkeit passt. Erst dann werde ich zufrieden und erfüllt sein.

- Werden meine persönlichen und ganz individuellen Bedürfnisse erfüllt, sorgt das dafür, dass ich glücklich und zufrieden sein kann.
- Verläuft mein Leben in eine Richtung, kann ich zufrieden und glücklich sein.

Damit ein Mensch sein eigenes Leben als erfüllend und vollständig erleben kann, sind es genau diese drei Punkte, die erfüllt werden müssen. Wenn du dir die Frage stellst, wer du bist, so hast du einen direkten Weg vor Augen, der dabei hilft, glücklich zu sein. Wege sind dazu da, um bestritten zu werden, doch mit diesem ist es nicht ganz so leicht.

Wie du siehst, kommst du nicht drumherum, dich intensiv mit dir selbst zu beschäftigen. Die oben genannten Grundgedanken solltest du dahingehend als ideal betrachten. Auf dieses Ideal kannst du dich in kleinen Schritten hinbewegen. Dabei solltest du niemals den Anspruch haben, dass dieser Zustand vollkommen erreicht werden kann. Sieh jeden erreichten Schritt als einen Gewinn an, denn jeder bereichert dein Leben. Zudem sind alle Schritte eine große Unterstützung dabei, um herauszufinden, wer du selbst bist. Es lohnt sich also immer, diesen Weg zu gehen.

Die fünf grundlegenden Fragen

Damit du ein ausgeglichener und zufriedener Mensch sein kannst, ist es wichtig, die eigenen grundlegenden Bedürfnisse und Wünsche zu erfüllen. Bei den meisten Menschen ist es jedoch so, dass sie nicht einmal wissen, was sie brauchen. Grund dafür ist, dass sie nicht wissen, wer sie überhaupt sind. Jeder Mensch hat andere Schwerpunkte hinsichtlich der eigenen Bedürfnisse. Manche Menschen brauchen sehr viel Lebendigkeit um sich selbst herum, andere wiederum benötigen Ruhe. Wieder andere brauchen Schönheit, während sich der nächste mehr mit der Natur und der Ursprünglichkeit beschäftigen möchte.

Es gibt eine Übung, welche dir dabei helfen kann, sich tiefgreifend mit den eigenen Gefühlen auseinanderzusetzen. Gehe ganz tief in dich und beantworte die nun folgenden Fragen.

1. Was möchtest du nicht?

Vielen Menschen fällt es tatsächlich leichter, zu sagen, was sie nicht möchten. Nimm dir zur Beantwortung dieser Frage ein Blatt zur Hand und schreibe drei Dinge untereinander, die du in deinem Leben absolut nicht haben möchtest. Die folgenden Fragen können dabei behilflich sein:

- Was möchtest du nicht mehr?
- Wer darf gerne aus deinem Leben gehen?

- Was darf aus deinem Leben verschwinden?

Damit dir das Finden von Antworten auf diese Fragen nicht so schwerfällt, habe ich hier ein Beispiel für dich.

„Ich möchte nicht länger an einer befahrenen Kreuzung wohnen!"
-> hektisches Treiben

Befasse dich also intensiv damit, was du in deinem Leben nicht mehr haben möchtest und was du stattdessen unbedingt benötigst.

2. Was möchtest du stattdessen in deinem Leben haben?

Kommen wir nun zum zweiten Schritt dieser Übung. Hier ist es wichtig, die drei Punkte aus Schritt eins durchzugehen und zu hinterfragen, was man stattdessen möchte.

Schreibe die Antworten direkt hinter die ersten drei Punkte.

Beispiel:
„Ich möchte nicht länger an einer befahrenen Kreuzung wohnen!" Dahinter schreibst du, was du stattdessen möchtest: „Ich möchte auf einem ruhigen Dorf leben."

3. Weshalb möchtest du das?

Wunderbar. Du hast herausgefunden, was du möchtest. Im dritten Schritt der Übung sollst du nun herausfinden, welche Bedürfnisse für diesen Wunsch verantwortlich sind. Die Frage, die du nun hinter jedem deiner drei Wünsche stellst, ist folgende:

„Weshalb möchte ich das?"

Auch hier schreibst du die Antworten wieder hinter jeden Wunsch.

Beispiel:
„Ich möchte nicht länger an einer befahrenen Kreuzung wohnen!"

-> „Ich möchte auf einem ruhigen Dorf leben."

-> „Ich habe das Bedürfnis nach Frieden und Ruhe."

4. Die Bedürfnisse erfüllen, aber wie?

Der vierte Schritt befasst sich damit, wie man die eigenen Bedürfnisse am besten befriedigen kann. Schritt vier ist demzufolge ein sehr wichtiger Schritt, um dafür zu sorgen, dass die Bedürfnisse nicht länger abstrakte Konzepte im Kopf sind. Jeder Mensch braucht ein ganz klares Bild davon, was die eigenen Bedürfnisse für einen selbst bedeuten. Das verschafft dir die Möglichkeit, dafür zu sorgen, die eigenen Bedürfnisse tatsächlich zu erfüllen.

Stelle dir dahingehend die folgende Frage:

„Was ist notwendig, damit sich das eigene Bedürfnis erfüllt?"

Auch hier schreibst du die Antwort direkt dahinter.

Beispiel:
„Ich möchte nicht länger an einer befahrenen Kreuzung wohnen!"

-> „Ich möchte auf einem ruhigen Dorf leben."

-> „Ich habe das Bedürfnis nach Frieden und Ruhe."

-> „Damit ich mein Bedürfnis erfüllen kann, muss ich einen Platz finden, an welchem ich mich geborgen und sicher fühlen kann."

5. Was ist notwendig, damit ich dieses Bedürfnis erfüllen kann? / Was muss ich dafür tun?

Im letzten Schritt der Übung musst du überlegen, mit welchen Maßnahmen du deine Bedürfnisse erfüllen kannst. Diese Maßnahmen sollten einfach und klein gehalten werden, damit du sie auch tatsächlich ausführen kannst. So kommst du der Erfüllung deines Bedürfnisses Schritt für Schritt näher.

Hierfür stellst du dir die folgende Frage:

„Mit welchem Schritt sollte ich beginnen, um mein Ziel zu erreichen?"

Beispiel:
„Ich möchte nicht länger an einer befahrenen Kreuzung wohnen!"

-> „Ich möchte auf einem ruhigen Dorf leben."

-> „Ich habe das Bedürfnis nach Frieden und Ruhe."

-> „Damit ich mein Bedürfnis erfüllen kann, muss ich einen Platz finden, an welchem ich mich geborgen und sicher fühlen kann."

-> „Ich denke darüber nach, wo ich diesen Ort finden kann."

Ein Prozess ohne Endstation

In diesem Unterpunkt stehen die folgenden Begriffe im Fokus:

- Fremdbild: Wie werde ich von anderen gesehen?
- Idealbild: Wie sieht mein Idealbild aus?
- Selbstbild: Wie sehe ich in meinen Augen aus?

Bei diesen Begriffen handelt es sich um drei wichtige Begriffe, wenn man sich mit der Frage, wer man selbst ist, beschäftigt. Sie beschreiben die Wahrnehmung von sich selbst. Man kann auch sagen, dass es Geschichten über die eigene Person sind. Diese Bilder können entweder von anderen oder von dir selbst gezeichnet sein. Tatsächlich aber liegt das wahrhaftige Bild irgendwo zwischen diesen Bildern. Außerdem ist das eigene Bild niemals für immer, sondern es verändert sich mit all den Jahren immer wieder.

Welche Merkmale zeichnen meine eigene Persönlichkeit aus?

Damit man im Einklang mit sich selbst leben kann, gilt es zunächst, herauszufinden, wer man selbst ist. Dafür ist es wichtig, die eigenen Charakterstärken benennen zu können. Die Charakterstärken zu benennen, hilft dir dabei, zu erkennen, was dich ausmacht. Hierbei spielen auch deine Stärken und Schwächen eine zentrale Rolle.

Schau dir die folgende Liste mit den verschiedenen Charaktereigenschaften an. Lies sie dir in aller Ruhe durch und schreibe dann dahinter, welche auf dich zutreffen und welche eher nicht. Dabei steht die -5 für überhaupt nicht zutreffend und die +5 für sehr stark zutreffend.

Hinweis: Sei ehrlich mit dir selbst und schreibe nicht irgendetwas hin, weil dir das vielleicht am besten gefallen könnte. Es kann außerdem hilfreich sein, Beispiele aus dem eigenen Leben zu suchen, welche ganz deutlich machen, dass die einzelnen Charaktereigenschaften tatsächlich auf dich selbst zu treffen.

abenteuerlustig	barbarisch	chaotisch	entscheidungsfr	offen
achtlos	barmherzig	charakterlos/chara	eudig	optimistisch
albern	bedacht	kterstark	extravertiert	organisiert
arbeitssüchtig	beeinflussbar	charismatisch	fair	perfektionistisch
aggressiv	begabt	charmant	flexibel	proaktiv
analytisch	begeisterungsfä	cholerisch	furchtlos	psychopathisch
anpassungsfähig	hig	cool	geduldig	resilient
anspruchslos/anspruc	beherrscht	demütig	gerecht	schizophren
hsvoll	behutsam	depressiv	gewissenhaft	selbstbeherrscht
anständig	belastbar	dickhäutig	gläubig	selbstbewusst
antriebslos	beleidigend	dickköpfig	hilfsbereit	sorgfältig
apathisch	beliebt	diszipliniert	hoffnungsvoll	sozial
arglistig	bequem	distanziert	innovativ	sportlich
aristokratisch	beratungsresiste	dominant	introvertiert	stabil
armselig	nt	dumm	klug	tapfer
arrogant	berechenbar	durchsetzungsfähig	kommunikativ	teamfähig
artig	bescheiden	effizient	konfliktfähig	traurig
attraktiv	beschränkt	egoistisch	kritisch	unternehmerisch
aufdringlich	besitzergreifend	ehrgeizig	kreativ	unzufrieden
auffallend	besserwisserisch	ehrlich	langweilig	verantwortungsbe
aufmerksam	beweglich	eifersüchtig	leichtsinnig	wusst
aufopferungsvoll	bissig	eifrig	leistungsbereit	verträglich
aufrichtig	bockig	eigen	lernbereit	weise
ausdauernd	bösartig	eigensinnig	liebevoll	widerstandsfähig
ausgefallen	böse	einfallslos/einfallsr	loyal	zuverlässig
ausgeglichen	bodenständig	eich	mobil	zuversichtlich
außergewöhnlich	brav	einsam	motiviert	
authentisch	brillant	empathisch	mutig	
autonom	brutal			
autoritär	bullig			

Quelle: https://plakos-akademie.de/charaktereigenschaften/

Wenn du die Liste selbst abarbeitest, kannst du damit dein Selbstbild genauer kennenlernen. Zu Beginn erwähnte ich, dass auch das Fremdbild wichtig ist. Dementsprechend solltest du die Liste kopieren und einem Familienmitglied oder Freunden in die Hand drücken, damit diese die Liste ebenfalls ausfüllen können. Im Anschluss erhältst du die Liste zurück und kannst erkennen, wie andere dich sehen. Wenn dir beide Listen vorliegen, kannst du sie miteinander vergleichen und auswerten. Das hilft dir dabei, zu erkennen, wie du selbst tatsächlich gestrickt bist.

Wohin willst du?

Die Frage, wohin man im Leben eigentlich gehen möchte, nimmt eine ebenso große Bedeutung ein, wenn man sich selbst finden möchte. Hierbei spielen deine Ziele, Wünsche, Leidenschaften und dein eigener Beitrag für die Gesellschaft eine große Rolle. Außerdem schließt das deine eigenen Werte mit ein.

Wer bereits seine eigenen Werte kennt, weiß, wohin er möchte und wer er ist. Welche Richtung man im Leben einschlägt, hat damit ganz stark etwas zu tun. Es geht hierbei um all die Dinge, welche uns selbst im Leben wichtig sind.

Wenn du herausfinden möchtest, welche Werte für dich wichtig sind, solltest du dich mit den nachfolgenden Fragen einmal genauer auseinandersetzen.

- Gibt es etwas, das ich vermissen würde, wenn es dies nicht gebe?
- Worauf möchte ich im Leben nicht verzichten?
- Gibt es etwas, worum ich kämpfen würde, wenn dessen Existenz bedroht wäre?
- Gibt es Dinge, wovon unsere Welt mehr bräuchte?

Ich möchte dir an dieser Stelle eine weitere Liste mit auf den Weg geben. Diese beinhaltet mögliche Werte, an denen du dich selbst orientieren kannst. Wenn du die Liste betrachtest, musst du die oben aufgezählten Fragen stellen. Um Antworten darauf zu finden, kannst du die Liste mit den Werten als Hilfe nutzen. Wenn du anhand der Fragen und der Liste deine eigenen Werte herausfinden konntest, schreibst du sie dir auf. Wie schon bei den Charaktereigenschaften gilt auch bei den Werten, dass du diese anhand von Beispielen genau überprüfst. Nutze dafür folgende Fragen:

- Gab es Situationen, in welchen ich für genau diesen Wert gekämpft habe?
- Habe ich diesen Wert jemals vertreten und mit meinem Handeln aktiv zum Ausdruck gebracht?

Aktivität	Gemeinschaft	Ordnung
Anstand	Genuss	Partnerschaft
Aufgeschlossenheit	Gerechtigkeit	Perfektion
Aufrichtigkeit	Geselligkeit	Persönliches Wachstum
Authentizität	Gesundheit	Privatsphäre
Beliebtheit	Großzügigkeit	Reichtum
Bequemlichkeit	Güte	Respekt
Bescheidenheit	Harmonie	Ruhe
Beständigkeit	Herausforderung	Schönheit
Bewusstheit	Hingabe	Selbstbestimmung
Bildung	Individualität	Selbstverwirklichung
Demut	Integrität	Sicherheit
Diskretion	Heimatverbundenheit	Solidarität
Ehre	Hilfsbereitschaft	Sorgfalt
Ehrlichkeit	Kontrolle	Spaß
Entschlossenheit	Körperlichkeit	Spiritualität
Erfahrung	Lebendigkeit	Struktur
Erfolg	Leidenschaft	Tiefgründigkeit
Familie	Leistung	Toleranz
Fleiß	Liebe	Umweltschutz
Freiheit	Loyalität	Unabhängigkeit
Freude	Macht	Vernunft
Freundschaft	Mut	Vertrauen
Frieden	Nachhaltigkeit	Wirksamkeit
Führung	Nächstenliebe	Würde
Gehorsam	Natur	Zugehörigkeit
Gelassenheit	Offenheit	Zuverlässigkeit

Quelle: https://zeitzuleben.de/wer-bin-ich-wirklich/

Im nächsten Schritt geht es dann darum, zu hinterfragen, was du dafür tun kannst, um deine eigenen Werte intensiver zu leben. Schreibe auch hier wieder deine Antworten auf.

Beispiel:
„Die Menschen sollten sich mehr umeinander kümmern“ – Achtsamkeit

-> Selbst achtsamer leben und beispielsweise regelmäßig Altenheime besuchen und den älteren Menschen etwas vorlesen, mit ihnen spielen oder gemeinsam musizieren.

Um sich selbst kennenzulernen, ist es also wichtig, dass man seine eigenen Eigenschaften und Werte kennenlernt. Die eigenen Werte geben dir häufig automatisch eine Richtung für dein eigenes Leben vor. Diese Richtung ist aber nicht willkürlich gewählt, sondern basiert auf den Bedürfnissen in deinem Inneren.

Darum ist es wichtig, zu wissen, wer man ist und wohin man möchte

Es gibt keinen Menschen, der für dich entscheidet beziehungsweise entscheiden sollte, wo du lebst, mit welcher Person du dort lebst, welcher Arbeit du nachgehst, welche Hobbys du hast und welche Entscheidungen du im Leben triffst. Jene Menschen, die sich selbst besser kennen, kennen auch ihr eigenes Leben besser und können es dementsprechend gestalten. Dein eigenes Leben sollte immer zu deinen Werten, deiner Persönlichkeit und deinen Bedürfnissen passen.

Im Grunde weiß jeder Mensch, wohin genau es in seinem Leben gehen soll. Die innere Stimme sagt uns genau, wohin es gehen soll. Die traurige Tatsache ist jedoch, dass ein Großteil der Menschen verlernt hat, auf die eigene innere Stimme zu hören.

Die folgenden fünf Gründe zeigen dir auf, weshalb es so wichtig ist, dass du dich selbst kennst. Wer in sich selbst hineinhört, wird viele Vorteile haben.

- Jene Menschen, die sich selbst kennen, wissen, was ihnen fehlt, um vollkommen glücklich zu sein. Somit können sie besser daran arbeiten, ihr Leben dahingehend zu verändern, dass sie glücklich werden.
- Die Selbsterkenntnis trägt dazu bei, dass man lernt, besser Entscheidungen treffen zu können. Menschen, die wissen, wer sie selbst sind, tragen innere Weisheit und Klarheit mit sich.
- Wer sich selbst kennt, wird selbstsicherer und selbstbewusster auftreten können. Immerhin weiß man, wer man selbst ist, und man kann auch viel

besser dazu stehen. Dazu zählen natürlich auch alle Stärken sowie Schwächen.

- Jeder Mensch tickt anders. Alle Menschen, die sich selbst kennen, wissen, warum sie so ticken, wie sie nun einmal ticken. Demzufolge bedeutet sich selbst kennenzulernen auch, herauszufinden, warum man sich so verhält, wie man sich eben verhält.
- Wenn du dich selbst kennst, wirst du viel mehr Erfolge erzielen können. Wenn du weißt, wer du bist und wer du nicht sein möchtest, kannst du in deinem Leben häufiger verschiedene Projekte angehen, welche dir Erfolg versprechen.

Was möchtest du erreichen? Welche Ziele hast du?

Dieser Punkt knüpft an das vierte Kapitel an, in welchem wir bereits ausführlich über Ziele gesprochen haben. In diesem Kapitel geht es um die Berufswahl und um den Start deiner Ausbildung. Dennoch kannst du dich bereits an den in Kapitel vier beschriebenen Punkten orientieren.

Ich möchte dir zehn Fragen mit auf den Weg geben, an denen du dich hinsichtlich deiner Berufswahl bzw. deiner Zukunft orientieren kannst. Lies sie in aller Ruhe durch und beantworte sie offen und vor allem ehrlich.

Frage 1: Wessen Ziele sind das?

Handelt es sich bei den Zielen, welche du versuchst, zu erreichen, tatsächlich um deine eigenen? Hast du überhaupt eigene Ziele oder verfolgst du die von anderen? Du findest heraus, ob es deine eigenen Ziele sind, wenn du einmal betrachtest, wie du sie verfolgst. Stecken dahinter Feuer und Leidenschaft, dann sind es tatsächlich deine eigenen Ziele. Tatsächlich sorgen nur die eigenen Ziele dafür, dass sich Begeisterung entwickelt. Die Ziele von anderen hingegen sind keine Ziele, sondern einzig und allein Erwartungen, welche andere an einen selbst haben.

Frage 2: Sind deine Ziele realistisch?

Wenn man sich selbst Ziele setzt, sollten diese natürlich herausfordernd, gleichzeitig aber auch realistisch sein. Daher solltest du immer prüfen, ob die Ziele tatsächlich machbar und erreichbar sind. Wenn man mitten auf seinem Weg bemerkt, dass die Ziele gar nicht erreichbar sind, erlebt man einen ordentlichen Dämpfer.

Frage 3: Kannst du deine Ziele messen und was möchtest du eigentlich genau?
Zu sagen, dass man mehr Geld verdienen möchte, ist kein Ziel. Ein Ziel ist, wenn man sagt, dass man sein Einkommen um 30 % erhöhen möchte.
Frage 4: Sind deine Ziele terminiert?
Dieser Punkt steht eng mit den beiden vorangegangenen Punkten in Verbindung. Hast du dich jemals gefragt, bis wann du deine eigenen Ziele eigentlich erreichen möchtest?
Beispiel: „Ich möchte mein Einkommen bis Ende des Jahres um 30 % erhöhen."

Frage 5: Hast du ein klares Ziel vor Augen?
Realistisch, terminiert und messbar allein sind längst nicht alles. Wer ein Ziel vor Augen hat, muss dieses ganz klar erkennen und nicht daran zweifeln.

Frage 6: Hast du deine Ziele aufgeschrieben?
Es ist schön und gut, wenn du ein Ziel in deinem Kopf hast, doch wenn du es nirgendwo fest aufgeschrieben hast, kann es auch nicht existieren. Das Aufschreiben eines Ziels hat zudem den Vorteil, dass man selbst bemerkt, ob das Ziel klar formuliert und realistisch ist.

Frage 7: Ist dein Fokus auf das Ziel gerichtet?
Manche Menschen setzen sich viele Ziele auf einmal. Doch was passiert dann? Auf seinem Weg verliert man früher oder später vollkommen den Fokus und beginnt damit, hin und her zu springen. Alle Ziele, die man sich setzt, sind besonders und man möchte sie erreichen. Doch das ist ein ganz klarer Fehler. Wenn man alles auf einmal möchte, erreicht man am Ende gar nichts. Daher solltest du deinen Fokus auf wenige Ziele legen.

Frage 8: Bist du bereit, alles für dein Ziel zu tun?
Um seine Ziele zu erreichen, muss man natürlich auch etwas investieren. Leidenschaft, Geld, Einsatz, Zeit, Schweiß und harte Arbeit, ja, sogar manchmal auch Tränen müssen investiert werden, um das Ziel zu erreichen. Wer nicht dazu bereit ist, alles für sein Ziel zu tun, hat längst nicht das richtige Ziel gewählt.

Frage 9: Hast du alle notwendigen Ressourcen, um dein Ziel zu erreichen?
Es müssen nicht immer die neuesten Dinge sein, um damit zu beginnen, an der Erreichung seiner Ziele zu arbeiten. Wichtig ist, dass man alle notwendigen Ressourcen beisammen hat, welche man benötigt, um das Ziel überhaupt

zu erreichen. Hierbei geht es nicht ausschließlich um Gegenstände, sondern auch um Zeit oder Unterstützung durch die Familie.

Frage 10: Was tust du jeden Tag, damit du dein Ziel erreichst?
So wichtig, wie diese Frage ist, müsste sie eigentlich an der ersten Stelle stehen. Setze dich jeden Tag mit dieser auseinander und beantworte sie positiv. Wenn dein Ziel gut formuliert ist, lässt es dir gar keine andere Wahl. Gute Ziele sind keine Hobbys, sondern brauchen Entschiedenheit, um sie zu erreichen. Du musst zielstrebig deinen Weg gehen. Dazu zählt, dass du jeden Tag daran denken musst, dein Ziel erreichen zu wollen, viel wichtiger ist es jedoch, jeden Tag intensiv daran zu arbeiten, das eigene Ziel zu erreichen.

Bewerbungsschreiben

Um eine Ausbildung zu starten und seinen Weg ins Berufsleben zu finden, muss man sich im Vorfeld nicht nur Gedanken darüber machen, wer man ist und wo man hinmöchte. Das reicht nicht aus. Man muss auch bereit sein, diesen Weg zu gehen, und sich bewerben. Mit dem Bewerbungsschreiben steht und fällt der Startschuss ins Berufsleben. Doch was ist für ein Bewerbungsschreiben wichtig?

Wenn es darum geht, eine aussagekräftige Bewerbung zu schreiben, gehört neben dem Lebenslauf allem voran das Bewerbungsanschreiben in die Unterlagen. Genau genommen ist das Bewerbungsschreiben das wichtigste Detail deiner Bewerbungsunterlagen. Wie dieses aufgebaut wird, möchte ich dir erläutern. Nutze dies als Anregung, um dein eigenes Anschreiben zu verfassen.

Damit du mit deinem Bewerbungsschreiben volle Punktzahl erzielen kannst, solltest du den folgenden Aufbau und die Struktur genau einhalten. Der Aufbau und die Struktur müssen optisch einen hervorragenden Eindruck hinterlassen, damit du tatsächlich eine Zusage für den Ausbildungsplatz bekommst.

Bewerbungsanschreiben, die optisch gar nichts hermachen, werden von den meisten noch nicht einmal gelesen. Somit lassen junge Menschen, die praktisch gesehen etwas drauf haben, einfach eine Chance verstreichen.

Merke:
Achte von Anfang an auf die Optik deines Bewerbungsanschreibens.

Dein Bewerbungsschreiben solltest du in die drei folgenden großen Abschnitte gliedern:

Einleitung: Es gilt, das Interesse am Unternehmen und allem voran an der angebotenen Stelle zu begründen. Teile außerdem kurz und knapp mit, weshalb ausgerechnet du für die Stelle infrage kommst.

Hauptteil: In diesem Teil geht es darum, deine wichtigsten Qualifikationen zu präsentieren. Hier kannst du deine Belege für Erfahrungen und berufliche Erfolge, beispielsweise in Form von Praktika, einfügen. Für diesen Teil sind zwischen zwei und drei Absätze notwendig.

Schlussteil: Das Unternehmen beziehungsweise die Person, welche sich um die Bewerbungen kümmert, braucht natürlich auch wichtige Informationen über deine Verfügbarkeit.

Aufbau des Bewerbungsanschreibens

Kopfzeile: In die Kopfzeile deines Anschreibens setzt du deine eigene Adresse hinein. Außerdem solltest du deine Telefonnummer sowie E-Mail-Adresse dazuschreiben.

Beispiel:
Max Mustermann
Musterstraße 123
54321 Musterhausen
Max.mustermann@web.de

Empfängeradresse: Direkt unter die Kopfzeile setzt du linksbündig die Adresse des Unternehmens, an welches du deine Bewerbung schreiben möchtest. Achte darauf, dass dies vollständig aufgeschrieben wird. Unbedingt sollten der Name des Ansprechpartners und die Adresse des Unternehmens darin stehen.

Beispiel:
Muster AG
z. Hd. Frau Muster
Musterallee 12
12345 Musterstadt

Betreff und Datum: Unter der Empfängeradresse folgt direkt das Datum, welches du rechtsbündig setzt. Du kannst auswählen, ob dein Datum ausschließlich in Zahlen formuliert oder der Monat als Wort geschrieben steht. Wähle das tatsächliche Versanddatum und nicht ein beliebiges Datum aus.

Beispiel:
12.01.2023 oder 12. Januar 2023

Eine Zeile darunter folgt die Betreffzeile, welche wiederum linksbündig gesetzt wird. Achte darauf, dass sie nicht länger als eine Zeile wird. Zudem sollte sie sich optisch vom Rest des Textes abheben. Dies kannst du durch eine größere Schriftgröße erreichen.

Beispiel:
Betreff: Bewerbung auf die Ausbildungsstelle zum/zur XY

oder

Bewerbung um die Ausbildungsstelle als XY

Anrede: Hier ist es wichtig, den richtigen Ansprechpartner anzuschreiben. Wenn in der Stellenanzeige jedoch nur das Unternehmen als Ansprechpartner steht, schreibst du „Sehr geehrte Damen und Herren". Wenn ein konkreter Name erwähnt wird, ist dieser zu erwähnen, da es sonst den Eindruck macht, dass du die Ausschreibung nicht ordentlich gelesen hast. Wenn du dir die Mühe machst und den Ansprechpartner selbst recherchierst, kannst du direkt beim Unternehmen punkten, denn damit zeigst du tatsächliches Interesse.

Beispiel:
Personalisiert:
Sehr geehrte Frau Muster
Bei nicht vorhandenem Ansprechpartner:
Sehr geehrte Damen und Herren

Einleitung: Mit der Einleitung des Bewerbungsschreibens stellst du bereits die Weichen und weckst das Interesse des Lesers. Es gibt viele verschiedene Standardfloskeln, doch warum sollte ein Unternehmen jemanden einstellen, der sich bereits im Bewerbungsschreiben mit Standardfloskeln zufriedengibt? Biete mit deinem Text einen Mehrwert, damit das Interesse bestehen bleibt. Schreibe mindestens einen guten Grund hinein, weshalb du dich für die Stelle in diesem Unternehmen bewirbst. Ein guter Grund kann zum Beispiel die Unternehmenskultur oder die langjährige Familientradition sein, welche dich beeindruckt.

Erwähne außerdem dein Interesse an dem Aufgabenprofil, welches mit der angebotenen Stelle einhergeht. Damit zeigst du dem Lesenden direkt, dass du dich ganz bewusst für diese Stelle entschieden und nicht einfach zwischen verschiedenen Stellenanzeigen ausgewählt hast. Es ist sogar ratsam, in der Einleitung kurz und knapp etwas über die eigene Person zu erwähnen. Das kannst du beispielsweise tun, indem du deine Praktika erwähnst.

Sollte in der Stellenbeschreibung stehen, dass das Unternehmen irgendwann einen sehr speziellen Bereich ausbauen möchte, und hast du darin bereits Erfahrungen oder großes Interesse daran, gilt es, dies ebenfalls zu erwähnen.

Hauptteil: Der Lebenslauf sollte aussagekräftig sein, das gilt gleichermaßen für den Hauptteil des Bewerbungsanschreibens. Wer darauf verzichtet, stellt keinen Bezug zwischen sich selbst und dem potenziellen neuen Arbeitgeber her. Mit anderen Worten: Darauf zu verzichten ist das Gleiche, wie die eigenen Fähigkeiten zu verschweigen.

Schreibe im Hauptteil außerdem, wie du dich selbst in das neue Arbeitsfeld am besten einbringen kannst. Wichtig ist, dass du deinen Lebenslauf hier nicht nacherzählst, denn das wäre ziemlich langweilig und nicht kreativ. Viel besser ist es, auf deine Erfahrungen und Fähigkeiten hinzuweisen, welche für genau diese Stelle infrage kommen.

In der Ausschreibung für die Stellenanzeige werden gewiss die Anforderungen dafür genannt. Du kannst auf diese in deinem Schreiben Bezug nehmen, musst sie aber nicht wortwörtlich übernehmen.

Der Hauptteil stellt den wichtigsten Teil des Anschreibens dar. Setze deshalb deine fachlichen Qualifikationen, sofern du bereits welche sammeln konntest, in den Vordergrund. All die Erfahrungen, welche du erst vor Kurzem gemacht hast, sind die relevantesten. Aus diesem Grund solltest du genau mit diesen beginnen, während ältere eher an hintere Stelle rücken sollten.

Präsentiere dich und deine Fähigkeiten selbstbewusst. Du solltest jedoch nicht übertreiben, denn das lässt dich unsympathisch wirken. Schachtelsätze gilt es grundsätzlich, zu vermeiden. Schreibe verständliche und kurze Sätze, denn diese werten dein Schreiben stilistisch auf.

Beispiel für die Bewerbung um eine Ausbildungsstelle als IT-System-Elektroniker:

Sehr geehrte Frau Muster,
seit Jahren interessiere ich mich für die Arbeit mit Elektronik. Diese Vorliebe lebe ich in Form des elektronischen Modellbaus bereits seit einigen Jahren aus. Dabei bereitet mir die Konstruktion von Schaltungen, die Lösung elektronischer Probleme und Aufgaben besonders viel Freude. Diese Freude zeigt sich auch in meinen Leistungen in den Fächern Mathematik und Physik, in denen ich hervorragende Zensuren vorweisen kann.

Im Rahmen einiger Praktika konnte ich bereits eine erste berufliche Orientierung erlangen. Wie die Zeugnisse nachweisen, war das Unternehmen, bei dem ich mein Praktikum absolviert habe, mit meinen Leistungen zufrieden. Da Ihr Unternehmen jedoch über einen hervorragenden Ruf verfügt und ich bereits viele positive Erfahrungsberichte vernehmen konnte, wäre es mein Wunsch, meine Ausbildung in Ihrem Unternehmen zu absolvieren. Dabei sehe ich im Rahmen meiner Ausbildung eine besondere Chance in den verschiedenen Bereichen, die Sie abdecken.

Ich freue mich auf ein gemeinsames Gespräch, in dem wir uns besser kennenlernen können.

Mit freundlichen Grüßen

Max Mustermann

Schlussteil: In diesem Teil gilt es, sich kurzzufassen. Benenne jedoch deinen frühestmöglichen Eintrittstermin und, wenn es in der Ausschreibung gefordert wird, auch die Vorstellungen zum Gehalt. Im Schlussteil hast du die Möglichkeit, dich direkt für die Berücksichtigung deiner Bewerbung zu bedanken. Teile dem Leser mit, dass du dich bereits auf eine Einladung oder eine Rückmeldung freust.

Grußformel und Unterschrift: Wenn du die Grußformel geschrieben hast, setzt du darunter direkt deine Unterschrift.

Allgemeine Tipps

- Verwende für dein Bewerbungsschreiben eine DIN-A4-Seite
- Es sollte maximal 200-250 Wörter lang sein
- Schreibe die genaue Ausbildungsbezeichnung in die Betreffzeile

- Floskeln sind tabu, schreibe aussagekräftig und individuell
- Erwähne nur relevante Erfahrungen und Kompetenzen
- Füge deinen Bewerbungsunterlagen handfeste Beweise für deine Kompetenzen bei
- Der Bezug sollte stets konkret zum Unternehmen sein
- Achte auf Rechtschreibung und Grammatik
- Achte auf ein angemessenes Layout

Der Lebenslauf

Zu den Bewerbungsunterlagen zählt auch ein ordentlicher Lebenslauf. Mit den folgenden Punkten zeige ich dir, was genau hineingehört und was du getrost weglassen kannst.

- Informationen zu deiner Person: Name, Kontaktdaten und Geburtstag
- Bewerbungsfoto
- Die angestrebte Position: dieser Punkt ist kein Muss, kann jedoch von Vorteil sein
- Dein beruflicher Werdegang: Hier kannst du alle Praktika und andere berufliche Erfahrungen aufzählen, welche für diesen Beruf relevant sind
- Ausbildung: Hast du möglicherweise bereits eine Vorausbildung absolviert, dann erwähne dies im Lebenslauf
- Zertifikate: Alles, was für die Stelle relevant ist, kannst du hier einfügen
- Qualifikationen: Hast du in bestimmten Bereichen besondere Kenntnisse, dann erwähne diese, dazu zählen unter anderem Sprachen
- Hobbys: Nur wenn sie für die ausgeschriebene Stelle relevant sind

Diese Punkte kannst du weglassen:

- Datum
- Ort
- Unterschrift
- Familienstand

Bewerbungsgespräche

Gratulation, deine Bewerbungsunterlagen wurden angenommen und du wurdest zu einem Bewerbungsgespräch eingeladen. Damit dieses gelingt, solltest du dir die folgenden Tipps unbedingt zu Herzen nehmen:

Tipp 1: Bereite dich ordentlich auf dein Bewerbungsgespräch vor. Dazu zählt, dass du angemessene Kleidung auswählst und dein Auftreten beispielsweise vor einem Spiegel oder mit der Familie und mit Freunden übst.

Tipp 2: Pünktlichkeit ist das A und O. Daher solltest du unbedingt pünktlich zu deinem Gespräch erscheinen. Fahre am besten etwas früher los. Ein paar Minuten vor dem Gespräch da zu sein, ist besser, als erst nach der vereinbarten Zeit anzukommen. Die beste Zeit, um sich zum vereinbarten Termin anzumelden, ist ca. zwei Minuten vor der vereinbarten Zeit.

Tipp 3: Wenn du losgefahren und somit zeitiger da bist, solltest du es vermeiden, nervös vor dem Unternehmen hin- und herzulaufen. Behalte im Hinterkopf, dass man dich beobachten könnte. Der erste Eindruck zählt und wird oftmals bereits beim Ankommen gewonnen. Vertreibe dir die Zeit, indem du beispielsweise noch einen Kaffee trinken gehst oder einen kurzen Spaziergang im Park machst.

Tipp 4: Standardantworten sind verboten. Wenn du in deiner Bewerbung alles gegeben hast und mit deiner Individualität überzeugen konntest, solltest du dich genauso im Vorstellungsgespräch vorstellen. Wenn es darum geht, die Fragen des Gesprächspartners zu beantworten, solltest du authentisch sein und konkrete Beispiele nennen, welche deine Eigenschaften hervorragend beschreiben.

Tipp 5: Stelle keine Behauptungen auf. Die Unternehmensleiter und Gesprächsführer wissen, dass kein Mensch perfekt sein kann, daher solltest du unbedingt vermeiden, dies zum Ausdruck bringen zu wollen.

Tipp 6: Fasse dich kurz und hole nicht zu weit aus. Das führt nur dazu, dass du deinen Gesprächspartner langweilst. Du musst außerdem nicht auf jede Frage sofort antworten. Wenn man sich etwas Bedenkzeit gönnt, teilt man seinem Gesprächspartner mit, dass man sich intensiv mit dem Thema beschäftigt und nicht irgendeine Standardantwort geben möchte. Solltest du etwas nicht verstanden haben, kannst du nachfragen.

Tipp 7: Spiele nicht den Schlaumeier, das macht dich nicht kompetent, sondern vermittelt, dass du alles besser weißt.

Tipp 8: Traue dich, am Ende des Gesprächs Fragen zu stellen, vor allem dann, wenn du gefragt wirst, ob noch Fragen deinerseits bestehen. Wenn du hier direkt nein sagst, wirkst du schlecht vorbereitet und desinteressiert. Am besten bereitest du im Vorfeld einige Fragen vor, welche du am Ende des Gesprächs stellen möchtest. Du kannst beispielsweise etwas zur Einarbeitung fragen oder dazu, wie das Auswahlverfahren für die beschriebene Stelle verläuft. All jene Fragen, deren Antworten du im Internet selbst herausfinden könntest, solltest du in einem Vorstellungsgespräch nicht stellen.

Fühlst du dich trotz der Tipps bezüglich eines Vorstellungsgesprächs unsicher, kannst du dieses mit einigen Übungen trainieren. Jetzt wirst du dich sicher fragen, welche Aspekte für ein Training überhaupt zu beachten sind. Hierzu zunächst eine Übersicht über die Punkte, die du in Bezug auf ein Bewerbungsgespräch trainieren kannst:

Die Selbstpräsentation

Im Rahmen von Vorstellungsgesprächen ist die Selbstpräsentation ein wichtiger Bestandteil. Sie gehört zu den typischen Fragen, die im Kontext eines Vorstellungsgesprächs gestellt werden. Daher kannst du sicher davon ausgehen, dass du dich deinem Wunschunternehmen vorstellen musst. Die Vorstellung wird dabei häufig mit Sätzen wie „Erzählen Sie doch mal etwas über sich!“ eingeleitet. Diese Selbstvorstellung findet meist zu Beginn des Gesprächs statt. Da die Vorstellung der erste Eindruck ist, den das Unternehmen von dir erhält, ist es wichtig, dass du dich im Vorhinein gut auf diesen Teil des Vorstellungsgesprächs vorbereitest. Hierzu kannst du dir im Vorfeld die nachfolgenden Fragen stellen:

- Welche Schwerpunkte möchte ich setzen?
- Was ist für den Personalverantwortlichen relevant?
- Welche Stärken möchtest du herausstellen?

Achte bei der Selbstpräsentation darauf, dass du authentisch bleibst.

Übung:
Deine Selbstpräsentation kannst du mithilfe von Rollenspielen entweder vor dem Spiegel oder in Anwesenheit von Freunden oder Familienmitgliedern üben. Dabei nimmst du die Rolle des Bewerbers ein und spielst eine mögliche Situation des Bewerbungsgesprächs durch. Sei dabei ehrlich zu dir selbst und lass dir von deinem Umfeld ehrliche Rückmeldung geben. Hierbei kannst du auch schwierige Situationen üben, um deine Reaktion auf Stressfragen zu verbessern.

Informationen über das Unternehmen

Neben der Bitte um die Selbstpräsentation wird es im Rahmen des Bewerbungsgesprächs auch um das Unternehmen gehen, bei dem du dich bewirbst. Hierzu kannst du dich im Vorfeld gut über deinen Wunscharbeitgeber informieren, um dich auf das Vorstellungsgespräch vorzubereiten. Greife hierzu beispielsweise bestimmte Produkte, Dienstleistungen, Werte, die Standorte, Mitarbeiterzahl sowie die Geschichte des Unternehmens auf. Informieren kann man sich im digitalen Zeitalter meist über die Website des jeweiligen Unternehmens, auf Social-Media-Kanälen oder auf Plattformen wie LinkedIn.

Tipp:
Sollte nicht nach dem Unternehmen gefragt werden, kannst du die Informationen, die du dir angeeignet hast, im Gespräch durchscheinen lassen, wenn es passend ist. So sieht der Arbeitgeber, dass du dich mit dem Unternehmen befasst hast, und du kannst einen guten Eindruck hinterlassen.

Typische Fragestellungen

Neben den benannten Themen gibt es konkrete Fragestellungen, die im Verlauf eines Bewerbungsgesprächs immer wieder auftauchen, sodass du dich gut darauf vorbereiten kannst. Hierzu zählen beispielsweise Fragen wie:

- Welche Eigenschaften zählen Sie zu Ihren Stärken?
- Wo liegen Ihre Schwächen?
- Aus welchem Grund möchten Sie in unserem Unternehmen arbeiten?
- Wo sehen Sie sich in 5 Jahren?
- Wie gehen Sie mit Stress um?
- Warum sollten wir ausgerechnet Sie einstellen?

Bei der Beantwortung der jeweiligen Fragestellungen solltest du darauf achten, dass du möglichst konkrete Beispiele in deinen Antworten lieferst.

Eigene Fragen formulieren

Im letzten Teil des Vorstellungsgesprächs bieten dir die meisten Unternehmen die Möglichkeit, selbst Fragen zu stellen. Damit du hier nicht unvorbereitet keine Fragen stellst, kann es sinnvoll sein, dass du dir im Vorfeld eigene Fragen formulierst, die du dem Unternehmen im Kontext des Vorstellungsgesprächs stellen kannst.

Nutze deine Nervosität

Auch wenn du jetzt vielleicht denken wirst, dass Nervosität nichts Positives ist, kannst du aus deiner Nervosität dennoch einen Nutzen ziehen. Nervosität macht dich durch die Ausschüttung von Stresshormonen wacher und fitter, wodurch deine Aufmerksamkeit gestärkt wird. Um dennoch einen kühlen Kopf zu bewahren, kannst du im Vorfeld mit Atemübungen deine Anspannung regulieren. Die nachfolgenden Übungen können dabei hilfreich sein:

Übung 1 – Wechselatmung:

Bei dieser Übung nimmst du die rechte Hand und spreizt deinen Daumen, den Zeige- und den Mittelfinger. Mithilfe des Zeige- und Mittelfingers verschließt du das linke Nasenloch. Das rechte Nasenloch bleibt frei, sodass du über dieses einatmen kannst. Nach dem Einatmen verschließt du das rechte Nasenloch. Dann öffnest du das linke Nasenloch und nutzt dieses zum Ausatmen. Im zweiten Durchlauf tauschst du die Seiten. Die Wechselatmung bewirkt dabei, dass du dich entspannst und deine Konzentration gefördert wird.

Übung 2 – Bauchatmung

Setze dich für diese Atemtechnik aufrecht hin und platziere deine Hände auf dem Bauch. Atme dabei möglichst gleichmäßig ein und aus. Zunächst lässt du dabei die Luft in den Bauch fließen, bevor du sie anschließend in den Brustkorb entlässt, um auszuatmen. Dann lässt du den Bauch locker. Atme die Luft bei dieser Übung durch die Nase ein und durch den Mund aus. Mithilfe der Übung erhöhst du die eingeatmete Luftmenge und verbesserst die Sauerstoffversorgung deines Körpers. Sollte dir zu Beginn der Übung etwas schwindelig werden, ist dies kein Grund zur Sorge. Dies liegt an der vermehrten Sauerstoffzufuhr und reguliert sich zügig wieder.

Körpersprache und Stimme

Das freie Sprechen fällt nicht jedem leicht. Gerade bei aufkommender Nervosität verfallen viele Menschen in Stottern, Nuscheln oder Piepsen. Mit genügend Training kannst du hier Abhilfe schaffen. Hier kannst du bereits bei der Körperhaltung ansetzen. Achte darauf, dass du aufrecht sitzt, gleichmäßig atmest und in einem moderaten Tempo sprichst. Zudem solltest du darauf achten, dass du laut und deutlich sprichst und nicht in einen monotonen Vortrag verfällst. Hier kannst du beispielsweise auch aktive Pausen einbauen. Darüber hinaus tragen deine Mimik und Gestik dazu bei, wie du im Verlauf des Gesprächs wahrgenommen wirst. Achte hierbei besonders auf

- einen festen Händedruck,
- Blickkontakt,
- einen freundlichen Gesichtsausdruck,
- aufrechtes Sitzen sowie
- keine verschränkten Arme.

Übung 1

Um zu überprüfen, ob du deutlich sprichst, kannst du beispielsweise die Situation in einem Rollenspiel nachstellen und diese mit deinem Smartphone aufzeichnen. Im Nachgang spielst du die Aufnahme ab und überlegst dir, was du noch besser machen könntest.

Übung 2

Deine Mimik trainierst du am besten vor dem Spiegel. Hierbei kannst du dich selbst dabei beobachten und herausfinden, wie du auf andere wirken könntest. Achte hierbei besonders darauf, was du mit deinen Händen machst. Alternativ kannst du dich bei einem Rollenspiel filmen und deine Mimik und Gestik im Nachgang analysieren, um dein Auftreten zu verbessern.

Kapitel 6: Mit oder ohne Religion?

Es gibt neben dem Christentum noch weitere Religionen auf unserer Erde. Diese möchte ich dir kurz vorstellen, denn die Jugend dient dazu, auch seinen Weg bezüglich der Religion zu finden. Mit oder ohne – finde deinen eigenen Weg.

WAS BEDEUTET RELIGION?

Das Wort stammt aus dem Lateinischen und bedeutet Glaube/ Bekenntnis. Mit anderen Worten ist die Religion ein Hilfsmittel für Menschen, welche die Menschen daran erinnert, Gebote und Regeln einzuhalten. Es gibt verschiedene Religionen auf unserer Erde. All diese haben ihre eigenen Gebote und Regeln. Eine Religion gibt auch Antworten auf verschiedene Fragen.

Beispiel:
Worin besteht der Sinn des Lebens?

Jede Religion hat auf diese Frage ihre ganz eigenen Antworten. Die verschiedenen Religionen unserer Erde wollen den Menschen dabei helfen, die Welt zu verstehen und zu begreifen.

Das Judentum

Seit über 2.000 Jahren gibt es diese Religion, deshalb zählt sie zu den ältesten Religionen. Die Anhänger des Judentums werden Juden genannt. Das Judentum beschreibt außerdem die Zugehörigkeit zu einem Volk. Die Juden glauben an einen Gott, jedoch nicht an Jesus. Die Anhänger des Judentums sind davon überzeugt, dass Gott gar keinen Sohn hat. Dies ist auch der wichtigste Unterschied in Bezug zum Christen. In der heutigen Zeit leben die meisten Juden in Israel. Die Tora ist das wichtigste Buch im Judentum. Hier sind die Zehn Gebote verankert. Unter den Zehn Geboten versteht man die Regeln, welche die Gläubigen im Judentum haben. Der Davidstern ist das wichtigste Symbol der Juden. Hierbei handelt es sich um einen Stern mit sechs Zacken. Das Gebetshaus der Juden ist die Synagoge. Auch im Judentum gibt es viele verschiedene Bräuche und Feste. Eines ist zum Beispiel der Sabbat, welcher am Freitagabend beginnt und am Samstagabend endet. Diese Zeit gilt bei den Juden als Ruhetag. Sie verzichten auf jegliche elektronischen Geräte. Außerdem arbeiten die Juden an diesem Tag nicht. Eines der Zehn Gebote ist die Einhaltung des Sabbat. Die Juden essen koscher. Koscher werden jene Lebensmittel genannt, die nach der Tora als erlaubt gelten. Alles, was nicht erlaubt ist, nennt man trefe.

Das Christentum

Diese Religion gibt es nun seit über 2.000 Jahren. Deren Anhänger werden Christen genannt. Die Christen glauben an Gott und Jesus. Ihr wichtigstes Buch ist die Bibel, welche in zwei Teile geteilt ist, nämlich das Alte und das Neue Testament. Jesus spielt im Christentum eine sehr wichtige Rolle, denn er sei Gottes Sohn. Das Kreuz ist eines der wichtigsten Zeichen der Christen. Christen gehen zum Beten meist in die Kirche. Weihnachten, Ostern, Pfingsten oder Christi Himmelfahrt sind einige christliche Feste.

Der Islam

Seit über 1.000 Jahren gibt es die islamische Religion. Deren Anhänger werden Moslems genannt. Der Koran ist das wichtigste Buch im Islam. Die Muslime glauben an einen eigenen Gott, welcher Allah genannt wird. Es gibt zudem einen Propheten, der von gläubigen Muslimen verehrt wird. Ein Prophet ist ein Mensch, der anderen von Gott erzählt und welcher von Gott selbst gesandt wurde. Im Islam heißt dieser Mohammed. Ein Stern und ein Mond sind die wichtigsten Zeichen des Islams. Das Gotteshaus der Muslime ist die Moschee. Auch im Islam gibt es verschiedene Feste und Bräuche, unter anderem den Ramadan. Hierbei handelt es sich um einen Fastenmonat. Was für Christen die Fastenzeit, also jene Zeit zwischen Aschermittwoch und Ostern ist, ist der Ramadan für die Muslime. In dieser Zeit verzichten sie tagsüber auf Nahrung.

Der Hinduismus

Diese Religion gibt es bereits seit 2.500 Jahren. Ihre Anhänger nennt man Hindus. Entstanden ist diese Religion in Indien. Anders als bei den drei bisher beschriebenen Religionen werden hier mehrere Götter angebetet. Welche Götter die Hindus anbeten, wird nicht vorgeschrieben. Shiva, Brahma und Vishnu sind drei der bekanntesten Götter des Hinduismus. Im Hinduismus gibt es zudem viele heilige Wesen. Außerdem können sich die Gläubigen an einen Guru wenden, der für sie wie ein Lehrer ist und die Gläubigen berät. Den Namen Hinduismus hat diese Religion jedoch von Menschen aus Europa bekommen, welche damit heilige Gläubige der indischen Religion meinen. Hinduismus steht demnach für viele Sachen, wie beispielsweise für die Regeln, die es innerhalb einer Gemeinschaft gibt.

Der Buddhismus

Die Religion gibt es bereits seit 2.500 Jahren und deren Anhänger werden Buddhisten genannt, welche man heute hauptsächlich in Asien findet. Sie glauben nicht an einen Gott. Gegründet wurde diese Religion von Siddharta Gautama, der vor langer Zeit lebte. Sie nennen ihn auch Buddha. Auch wenn ihn viele wie einen Gott sehen, so ist er keiner. Die Bedeutung des Namens Buddha ist Erleuchteter. Damit ist gemeint, dass diese Person die Welt verstanden hat und mehr als alle anderen Menschen weiß. Dieser Glaube hat viele verschiedene Regeln aufgestellt. Es gibt beispielsweise Regeln für das Miteinander unter den Menschen. Man nennt die Regeln auch die Lehren von Buddha.

Das wichtigste Symbol der Buddhisten ist Dharmachakra, auch achtfacher Pfad genannt, und wird durch ein Rad mit acht Speichen dargestellt. Tempel sind die religiösen Häuser. Der Geburtstag von Buddha zählt zu den wichtigsten Festen der Buddhisten.

Kapitel 7: Die erste Liebe

Die erste Liebe ist die wohl schönste und intensivste Liebe. Alles ist neu und schön. Die Schmetterlinge oder gar Flugzeuge drehen unzählige Runden in deinem Bauch. Manchmal bleibt die erste Liebe jedoch ein unerfüllter Traum, da sich der oder die andere einfach nicht verliebt. Das ist natürlich nicht schön und der erste Liebeskummer ist dann nicht weit, doch auch dies gehört zum Leben dazu.

In diesem Kapitel möchte ich dir etwas über zwei wichtige Dinge hinsichtlich der ersten Liebe berichten. Es soll kein Ratgeberkapitel werden, jedoch möchte ich dir erläutern, was das Wort Beziehung bedeutet und was Sexualität in Wirklichkeit ist. Tatsächlich verbirgt sich dahinter viel mehr, als miteinander ins Bett zu gehen.

Was bedeutet Beziehung?

Wenn wir von einer Beziehung sprechen, meinen wir immer ein Zusammenspiel zwischen mindestens zwei Menschen, die ihr Denken, Handeln und Fühlen aufeinander beziehen und abstimmen. Eine Beziehung, bei welcher Liebe eine Rolle spielt, nennt man Liebesbeziehung. Diese schließt Interaktionen zweier Menschen in jeglicher Hinsicht ein. Für uns alle sind Beziehungen sehr wichtig, denn sie tragen auch dazu bei, dass wir erfolgreich werden. Der entscheidende Unterschied zwischen einer Beziehung und einer Liebesbeziehung ist, dass eine Liebesbeziehung die Intimität zwischen zwei Menschen einschließt.

Liebesbeziehungen werden außerdem durch die erotische Anziehung gekennzeichnet. Die gegenseitige Akzeptanz untereinander ist die wichtigste Basis. Ergänzend gilt, zu sagen, dass bei einer Liebesbeziehung zwischen sexueller Beziehung und platonischer Beziehung unterschieden werden kann. Eine Liebesbeziehung auf platonischer Ebene ist eine Beziehung zwischen zwei Menschen, die keinerlei sexuellen Kontakt haben. Tatsächlich gibt es manche Paare, die ganz bewusst auf den sexuellen Austausch verzichten.

Ganz anders ist das bei der sexuellen Beziehung. Wie es der Name schon verrät, ist Sex hier natürlich eingeschlossen. Eine Beziehung entsteht immer im Einverständnis beider Partner. Dies ist vor allem in der westlichen Kultur das wichtigste Kennzeichen. Auch wenn eine Beziehung zu zweit beginnt, so kann sie von einer Partei beendet werden. Wenn eine Beziehung beendet wird, spricht man von der Trennung.

Eine Beziehung lässt sich in die folgenden vier Phasen unterteilen:

- Die Phase des Aufbaus
- Die Phase des Bestandes
- Die Phase der Krisen
- Die Phase der Auflösung

Es ist nicht notwendig, dass diese vier Phasen aufeinander aufbauen. Sie können tatsächlich ganz unterschiedlich auftreten.

Man kann Beziehungen jedoch nicht nur in Phasen teilen, sondern auch in unterschiedliche Zeiten. Handelt es sich beispielsweise um eine kurze Beziehung, spricht man eher von einer Affäre, während eine Lebensgemeinschaft beziehungsweise eine Partnerschaft eine langfristige Beziehung zwischen zwei Menschen ist.

Die Zeitspanne für Affären ist ebenso unterschiedlich. Manche dauern nur wenige Tage an, andere wiederum Wochen oder Monate. Wer eine intensive Partnerschaft pflegt, bleibt mit seinem Partner über viele Jahre hinweg zusammen. Manche Paare sind sogar viele Jahrzehnte miteinander liiert.

Was vor vielen Jahren noch verachtet wurde, ist heutzutage Normalität. Manche Menschen führen eine Beziehung mit mehr als einer Person. Wahrscheinlich hast du den Begriff „Polyamory“ schon einmal gehört. Hierbei handelt es sich um Beziehungen zwischen mindestens drei Partnern.

Beziehungstipps

Damit Liebesbeziehungen funktionieren, ist es manchmal hilfreich, sich Tipps von anderen zu holen. Natürlich habe ich für dich einige Tipps zusammengetragen und wer weiß, vielleicht kannst du schon bald anderen nützliche Geheimnisse rund um die Liebesbeziehungen geben.

Tipp 1: Lasse dir von keinem sagen, ob deine Beziehung etwas Ernstes ist oder nicht. Das entscheiden du und dein Partner selbst!

Tipp 2: Du solltest nie vergessen, dass du jemanden liebst und warum du die Person liebst.

Tipp 3: Mache dir immer wieder Gedanken darüber, was Liebe bedeutet und wie die Zeit vor deiner Beziehung war.

Tipp 4: Zeige deinem Partner, wie viel du empfindest. Wie du dies zeigst, obliegt ganz allein dir. Sei kreativ, ich bin mir sicher, du weißt genau, wie du das anstellen kannst.

Tipp 5: Beachte die Bedürfnisse des anderen. Präge dir gut ein, was der andere mag, so kannst du immer wieder für kleine Überraschungen sorgen.

Tipp 6: Vermeide es, dich über Kleinigkeiten zu streiten.

Tipp 7: Sei nicht nachtragend, wenn es hin und wieder doch zu Streitereien kommt.

Tipp 8: Geht nie im Streit ins Bett. Sprecht euch aus und versöhnt euch.

Tipp 9: Sprich mit deinem Partner über alles, was dich beschäftigt, und sei offen und ehrlich.

Tipp 10: Lasse deinen Partner immer ausreden und sei respektvoll.

Tipp 11: Treue ist in einer Beziehung das Wichtigste. Zeige deinem Partner, dass auf dich Verlass ist.

Tipp 12: Scheue dich nicht vor Kompromissen, sondern gehe sie ein.

Tipp 13: Beziehungen wollen gepflegt werden. Zeige Einsatz und arbeite an deiner Beziehung.

Tipp 14: Akzeptiere den anderen so, wie er ist, und versuche nicht, ihn zu verändern.

Tipp 15: Dein Partner ist nicht dein Konkurrent. Behandle ihn auch nicht so.

Tipp 16: Die gemeinsame Zeit ist zum Genießen da.

Tipp 17: Frage andere, die schon viele Jahre beziehungserfahren sind, nach hilfreichen Tipps, um deine Beziehung zu optimieren.

Was ist Sexualität?

Sexualität ist ein Wort, welches viele Jugendliche und Erwachsene sehr gut kennen. Wahrscheinlich hast du bereits mit Freunden darüber diskutiert. Doch wisst ihr wirklich, was Sexualität ist? Sexualität ist nämlich viel mehr als einfach nur Sex. Tatsächlich hat sie sehr viel Einfluss auf verschiedene Bereiche im Leben eines Menschen, denn Sexualität begleitet uns, ob wir wollen oder nicht, unser gesamtes Leben. Wenn du dir einmal versuchst, vorzustellen, dass das menschliche Leben vollkommen ohne Sexualität auskommen müsste, würdest du sofort merken, dass das Leben plötzlich ganz anders verlaufen würde. Ein Menschenleben beginnt, wenn 2 Menschen miteinander sexuell aktiv waren.

Wenn wir von Sexualität sprechen, ist dennoch viel mehr als nur Sex gemeint, denn die Sexualität hat sehr viele Seiten. Denken wir einmal an das erste Mal. Alles ist neu und aufregend. Und was ist mit jenen Leuten, die fremdgehen oder sich auf Online-Dating-Plattformen herumtummeln? Ja, das sind eben einfach Aspekte der Sexualität, und das, obwohl sie selbst ein sehr zentraler Aspekt des Menschen ist.

Mit der Sexualität kann ein Mensch sich selbst auf eine ganz normale und vor allem positive Art und Weise ausdrücken. Die Sexualität hat sehr viel mit Rechten und Beziehungen zu tun. Was der eine mag, muss der andere nicht mögen. Demzufolge hat jeder das Recht, gewisse sexuelle Handlungen abzulehnen.

Die Sexualität im Zusammenhang mit Werten

Was ist eigentlich richtig und was ist falsch, wenn wir von Sexualität sprechen? Auf diese Frage gibt es keine allgemeingültige Antwort, denn für jeden ist etwas anderes richtig oder falsch. Es gibt Menschen, für die spielt die Treue eine sehr große Rolle. Andere wiederum möchten mit vielen Menschen Sex haben und können dabei ihre Gefühle vollkommen ausblenden. Dann gibt es wiederum Menschen, für die Sex ohne Liebe gar nicht funktioniert. Eine andere Person könnte dies jedoch ganz anders sehen.

Jeder Mensch hat demzufolge seine eigenen Wertvorstellungen, wenn es um die Sexualität geht. Auch wenn man seine eigene Lust befriedigen möchte, hat man noch lange nicht das Recht, die Werte des anderen zu missachten, nur um seine Bedürfnisse zu befriedigen. Sexualität und Werte gehören daher ganz eng zusammen. Die Werte des anderen dürfen niemals missachtet oder verletzt werden.

Grenzen gehören ebenso zur Sexualität

Viele Dinge rund um die Sexualität hängen mit der persönlichen Einstellung zusammen. Trotzdem gibt es jede Menge Grenzen, die es zu beachten gilt. Allen voran ist die Regel wichtig, dass man den anderen niemals dazu zwingen sollte, mit einem sexuelle Handlungen durchzuführen. Dazu zählt unter anderem auch schon das Küssen. Wenn du jemanden küssen möchtest, diese Person das Küssen aber verneint, ist dieses Nein zu akzeptieren. Du musst immer daran denken, wie du dich fühlen würdest, wenn ein anderer deine Grenzen nicht akzeptiert und nicht verständnisvoll mit dir umgeht.

Manchmal ist Sexualität immer noch ein Tabu-Thema

Du siehst richtig. Viele Menschen mögen es nicht, über die Sexualität zu sprechen, denn es könnte immerhin etwas Peinliches ans Tageslicht kommen. Die Frage ist, ob Sexualität einem wirklich peinlich sein muss?

Während es vorher ein sehr diskretes Thema war, wird heute so viel mehr über Sex und Sexualität gesprochen. Ob Polyamorie oder Fifty Shades of Grey, an all das war vor vielen Jahren noch gar nicht zu denken. Die Sexualität kommt immer mehr ins Gespräch und das ist auf einer Seite auch gut so. Warum? Für die eigene Sexualität muss man sich nicht schämen. Wie man jedoch damit umgeht, liegt immer noch im eigenen Ermessen. Man kann über verschiedene sexuelle Themen sprechen, doch man muss dabei nicht preisgeben, ob man selbst bestimmte Praktiken mit seinem Partner ausprobiert.

Das ist Sexualität:

- leidenschaftliche Berührungen
- miteinander schlafen
- zärtliche Berührungen
- küssen
- über Vorlieben sprechen
- sich ausprobieren
- leidenschaftliches Miteinander

Kapitel 8: Die Kommunikation

Was ist eigentlich Kommunikation? Hierbei handelt es sich um ein Mittel, sich anderen mitzuteilen und sich über gewisse Dinge auszutauschen. Die Kommunikation findet nicht nur verbal, also sprachlich, statt, sondern kann auch nonverbal geschehen. Gestik und Mimik sagen sehr vieles, ob man will oder nicht.

Wenn man in der Pubertät ist, wird die Kommunikation mit anderen, vor allem mit Erwachsenen, zu einem schwierigen Unterfangen. Man glaubt oftmals, dass diese einen nicht verstehen. Immerhin sind sie schon älter und können (angeblich) nicht verstehen, was man selbst gerade durchmacht. Doch ich kann dir sagen, dass auch Erwachsene einmal jung waren und vielleicht ähnliche Dinge erlebten.

In diesem Kapitel möchte ich dir einige Tipps mit auf den Weg geben, wie du mit anderen kommunizieren kannst, sodass keine Missverständnisse entstehen. Ob Eltern, Lehrer oder Gleichaltrige, mit jedem kommuniziert man auf einer anderen Ebene.

Kommunikation mit den Eltern

Eltern sind die ersten und die wichtigsten Vertrauenspersonen eines Kindes. Die Kommunikation untereinander sollte daher sehr respektvoll und liebevoll stattfinden. Natürlich kommt es hin und wieder vor, dass man sich streitet, doch diese Streitereien sollte man schnellstmöglich beenden und sich wieder versöhnen.

- Achtet auf die Art und Weise, wie ihr kommuniziert
- Sprecht respektvoll miteinander
- Liebevoll miteinander sprechen
- Habe Verständnis, wenn deine Eltern etwas von deinen Dingen nicht direkt verstehen
- Lasst einander ausreden
- Nimm nicht alles persönlich
- Diskussionsrunden sind in Ordnung, solange sie sachlich und respektvoll durchgeführt werden
- Teile dich deinen Eltern mit

- Bringe zum Ausdruck, was du dir für die Kommunikation wünschst
- Sprecht euch in Ruhe aus, wenn es Streit gab
- Lege nichts auf die Goldwaage
- Achte auf die Aussprache und den Umgangston

Kommunikation mit Lehrern

Mit Lehrern zu sprechen, ist im Grunde das Gleiche, wie mit Eltern zu sprechen. Immerhin handelt es sich hier um Erwachsene. Der Unterschied besteht jedoch darin, dass Lehrer mit anderem Respekt und mehr Höflichkeit angeredet werden sollten. Das liegt daran, dass sie dir nicht so nahe stehen sollten wie deine Eltern. Vor deinen Eltern solltest du natürlich auch Respekt haben, jedoch sind sie die ersten und wichtigsten Vertrauenspersonen.

- Höre aufmerksam zu
- Diskussionsrunden sind in Ordnung, solange sie sachlich und respektvoll durchgeführt werden
- Teile mit, was dich beschäftigt
- Respektiere deine Lehrer
- Sprich nicht in Jugendsprache mit deinen Lehrern
- Höre aktiv zu
- Achte auf nonverbale Signale
- Achte auf die Art und Weise, wie Lehrer kommunizieren
- Lehrer sind Respektspersonen und sollten auch so gesehen werden
- Lasst einander ausreden

Kommunikation mit Gleichaltrigen

Auch wenn es einfacher ist, mit Gleichaltrigen zu kommunizieren, so solltest du auch hier gewisse Grundregeln beachten.

- Sprecht respektvoll miteinander
- Lasst einander ausreden
- Hört richtig zu
- Sprecht vertrauensvoll miteinander
- Respektiert, wenn der andere etwas nicht erzählen möchte
- Legt nicht alles auf die Goldwaage

- Spaßige Aussagen sollten sich in Grenzen halten
- Respektiert die Meinungen anderer
- Diskussionsrunden sind in Ordnung, solange sie sachlich und respektvoll durchgeführt werden

KOMMUNIKATION VON EIGENEN BEDÜRFNISSEN UND GEFÜHLEN

Gefühle und Bedürfnisse sind eine Klasse für sich. Manche Gefühle oder Bedürfnisse möchte man anderen gar nicht mitteilen. Andere wiederum sollte man mitteilen, damit der andere einen versteht.

Es ist wichtig, darüber zu sprechen, was einen bewegt und welche Gründe es dafür gibt. Wer immer alles mit sich selbst ausmachen möchte, läuft Gefahr, an Depressionen zu erkranken, und das ist wirklich keine schöne Angelegenheit.

Gefühle, was ist das eigentlich? Es ist etwas, das man spürt, jedoch nicht nur mit der Haut, sondern auch mit dem sogenannten siebten Sinn. Jeder Mensch sollte lernen, was Gefühle sind und dass es wichtig ist, über diese zu sprechen. Nur so kann man vorbeugen und verhindern, dass andere etwas mit einem tun oder etwas sagen, was man nicht möchte und was einen verletzt. Das gilt insbesondere für Gefühle, welche dir verraten, dass du dich mit gewissen Dingen nicht wohlfühlst. Sage dies klar und deutlich und in Verbindung mit dem Wort „Nein", denn niemand hat das Recht, deine Gefühle zu verletzen oder ihnen zuwiderzuhandeln.

Emotionen

Alle Menschen denken, sie wissen, was Emotionen oder Gefühle sind. Setzt man sich hin und versucht, den Begriff genauer zu beschreiben, wird man schnell bemerken, dass einem dazu eigentlich die Worte fehlen. Emotionen können von uns gefühlt werden und trotzdem sind sie viel mehr als nur einfache Gefühle.

Eine Emotion ist das Konstrukt eines Gefühls, der Anlass dafür, wie das Erlebte bewertet wird, welche Reaktionen der Körper darauf zeigt und wie das Gefühlte zum Ausdruck gebracht wird. Mit anderen Worten können wir sagen, dass es sich bei Emotionen um sehr komplexe Muster handelt. Zudem treten sie als eine Reaktion bezüglich einer erlebten Situation auf. Die Situation muss dabei von der jeweiligen Person selbst bedeutsam wahrgenommen worden sein.

Freude ist eine der vielen Emotionen, die wir hier in Europa kennen. Empfindet ein Mensch Freude, fühlt er sich gut. Das kann beispielsweise der Fall sein, wenn er etwas geschenkt bekommen hat. Wenn es ihm auch noch besonders gut gefällt, erlebt er die Emotion umso stärker. Gänsehaut und ein starkes Kribbeln im Bauch können körperliche Reaktionen auf die Emotion darstellen. Zum Ausdruck wird die Freude beispielsweise durch weit aufgerissene Augen oder ein bezauberndes Lächeln gebracht.

Wichtig ist, dass man Emotionen von Stimmungen abgrenzt, denn bei einer Stimmung ist von einem andauernden Zustand die Rede. Dieser lässt sich nicht auf ein bestimmtes Ereignis zurückführen. Eine Stimmung entsteht durch das Gefühl oder durch unsere eigenen Gedanken.

Schaut man sich die Bedeutung von Emotionen an, wird schnell klar, dass diese keineswegs zu unterschätzen sind, denn tatsächlich können sie sich auf unser gesamtes Leben auswirken. Unser Handeln wird beispielsweise durch Emotionen motiviert. Emotionen steuern den Ausdruck unserer Gefühle, sie beeinflussen sogar unser Denken und regulieren unsere Interaktionen.

Wichtig:
Die Emotionen und Gefühle, welche wir hier in Europa kennen und leben, sind längst nicht dem Rest der Welt bekannt. Emotionen und Gefühle sind demzufolge auch von den verschiedenen Kulturen abhängig.

Folgende Gefühle/Emotionen gibt es:

Hinweis: Die Gefühle in der Tabelle sind längst nicht alle, aber sie alle aufzuzählen, würde den Rahmen des Buches sprengen. Die Liste soll eine Orientierung für dich darstellen. Wenn dir selbst noch andere Gefühle einfallen, kannst du versuchen, diese in den jeweiligen Spalten zu ergänzen.

Positive Gefühle	Negative Gefühle	Neutrale Gefühle
lebendig	arrogant	albern
lebhaft	abgespannt	ambivalent
lebenslustig	aggressiv	aufgewühlt
leicht	alarmiert	chaotisch
leidenschaftlich	angeekelt	entschieden
liebevoll	angespannt	fürsorglich
locker	ängstlich	gelöst
lustig	beleidigt	gespannt
lustvoll	beschämt	gestresst
meditativ	depressiv	intellektuell

motiviert	deprimiert	irritiert
munter	distanziert	kontrollierend
mutig	dumpf	kritisch
nah	durcheinander	melancholisch
nachdenklich	eifersüchtig	nachdenklich
neugierig	einsam	perplex
offen	ekelerfüllt	ruhelos
optimistisch	empfindlich	schüchtern
präsent	empört	ungewiss
produktiv	energielos	unentschlossen
privilegiert	entmutigt	überzeugt
respektvoll	feindselig	verlegen
ruhig	feststeckend	verloren
sanft	gehemmt	wahnsinnig
satt	geladen	wollüstig
schwungvoll	gelangweilt	zweifelnd
berauscht	gemein	zögernd
bezaubert	irritiert	
couragiert	jämmerlich	
dankbar	kalt	
echt	kribbelig	
angeregt	kraftlos	
amüsiert	lustlos	
aufgeweckt	masochistisch	
aufrichtig	mäkelnd	
aufmerksam	missmutig	
ausgeglichen		
ausgelassen		

Kapitel 9: Die vielen Typen von Menschen

Wir Menschen sind ganz unterschiedliche Individuen. Zudem hat jeder einen ganz eigenen Typ, den er lebt und den andere erleben. Doch wie viele und welche Typen von Menschen gibt es? Wie kann man herausfinden, welcher Typ Mensch man ist?

Solltest du nicht wissen, welcher Typ Mensch du bist, so kannst du das mit dem folgenden Test herausfinden.

Selbsttest Persönlichkeitstyp[2]

Kreuze anhand der Auflistung der nachfolgenden Aussagen diejenigen Aussagen an, die auf dich zutreffen und die du bejahen kannst. Es geht hier nicht um einen Eindruck, sondern um tatsächlich vorhandene Eigenschaften.

	A
Um die Bedürfnisse anderer wahrzunehmen, muss ich mich nicht besonders anstrengen.	
Ich bin empathisch, weshalb es mir nicht schwerfällt, mich in andere einzufühlen.	
Meine Mitmenschen fühlen sich von mir gesehen, wahr- und ernstgenommen.	
Zu anderen Menschen eine Beziehung aufzubauen, fällt mir nicht schwer.	
Zuhören fällt mir leicht.	
Ich bin offen für Unbekanntes.	
Die Kommunikation mit anderen Menschen fällt mir nicht schwer.	
Ich liebe es, zu lachen, und lache viel.	

2 In Anlehnung an: Schnack, N. (2014). Arbeitsblatt zum Buch „Leise überzeugen – Mehr Präsenz für Introvertierte" - Selbsttest Persönlichkeitstyp. www.natalieschnack.de/typentest.pdf. Abgerufen am 21. Januar 2023, von https://cdn.chimpify.net/5a17e0d5a85872c5798b456c/2018/06/typentest.pdf, Stand: 21.01.2023

Es fällt mir nicht schwer, mich auf andere Menschen einzustellen sowie mich auf sie einzulassen.	
Was in anderen vorgeht, merke ich schnell.	
Ich kann meine eigenen Gefühle gut wahrnehmen.	
Die Stimmung innerhalb von Gruppen nehme ich sofort wahr.	
Gefühle zu zeigen, fällt mir leicht.	
Ich bin spontan und kann spontan auf Situationen reagieren.	
Ich bin daran interessiert, was andere Menschen bewegt.	
Andere Menschen vertrauen mir.	
Ich interessiere mich für viele Dinge.	
Multitasking überfordert mich nicht, weshalb ich oft mehrere Sachen gleichzeitig mache.	
Ich helfe anderen gerne.	
Von anderen werde ich als sehr sympathisch eingeschätzt.	
Mit Fremden komme ich schnell in Kontakt.	
Meine Entscheidungen fälle ich intuitiv und ich verlasse mich dabei auf mein Bauchgefühl.	
Aufrichtige Freude fällt mir nicht schwer.	
Ich liebe es, albern zu sein.	
Ich habe schauspielerisches Talent.	
Mit meinen Mitmenschen führe ich intensive Gespräche. Dabei fühle ich ihre Gefühlslagen mit.	
Zeitmanagement fällt mir schwer.	
Ich neige zu Aktionismus und will zu viel auf einmal.	
Ich verzettele mich leicht.	
Neue Dinge, die ich anfange, bringe ich selten zum Ende.	
Meine Gutgläubigkeit hat mir viele Enttäuschungen beschert.	

Ich verliere meine Bedürfnisse leicht aus den Augen.	
Hilfe kann ich nicht gut annehmen.	
Ich sorge mich darum, dass meine Kompetenz nicht anerkannt wird.	
Mit Kritik kann ich nur emotional umgehen.	
Wenn mich Menschen ablehnen, macht mir das Angst.	
Ich reagiere zu dramatisch.	
Ich sage zu oft „Ja“.	
Bei Ablehnung kommen mir leicht die Tränen.	
Ich leide, wenn mein Umfeld leidet, ohne es zu wollen.	
Die Bedürfnisse anderer sind mir wichtiger als meine.	
Ich lasse mich bei schlechter Laune von anderen Menschen anstecken.	
Ich interpretiere das Verhalten anderer zu sehr.	
Meine Laune kann sich schnell verändern.	
Ich spreche oft, ohne nachzudenken.	
Ich möchte von allen geliebt werden.	
Ich langweile mich schnell, wenn ich etwas zuvor toll fand.	
Ich kann andere gut aufmuntern.	
Ich kann mich auf alle Stimmungen einstellen.	
Ich bin begeisterungsfähig.	
Im Rahmen von Gesprächen fällt mir immer ein Rat ein.	
Gesamtsumme A	

	B
Ich denke viel.	
Ich denke, bevor ich etwas sage.	
Was ich sage, hat Hand und Fuß.	
Logisches Denken fällt mir nicht schwer.	
Ich erstelle gerne Konzepte.	
Ich analysiere alles.	
Mir ist es egal, ob andere meine Überlegungen gut finden.	
Ich bin meist überzeugt, dass meine Überlegungen richtig sind.	
Es fällt mir nicht schwer, mich länger zu konzentrieren.	
Ich liebe es, konzentriert und ohne Störungen zu arbeiten.	
Habe ich Interesse an einem Thema, bin ich ausdauernd.	
In meinen Denkprozessen berücksichtige ich meist alle Details.	
Ich beschäftige mich mit einer Sache und bringe diese zu Ende.	
Von anderen werde ich häufig als klug bezeichnet.	
Ich bin scharfsinnig und mag Ironie.	
Ich bin schlagfertig.	
Für angefangene Aufgaben finde ich immer eine Lösung.	
Kritik äußere ich sachlich.	
Ich beschäftige mich viel mit mir selbst und denke viel über mich nach.	
Ich gehe meinen eigenen Weg und orientiere mich nicht an anderen.	
Meine Gedanken kreisen den ganzen Tag.	
Manchmal fällt es mir schwer, meine Pläne umzusetzen.	
Die Anwesenheit anderer merke ich oft nicht, wenn ich mit meinen Gedanken beschäftigt bin.	

Ich bin kein Freund von Small Talk.	
Ich wirke auf andere arrogant.	
Ich interessiere mich für die persönlichen Geschichten von anderen.	
Ich bin mit den Emotionen anderer überfordert.	
Entscheidungen fallen mir schwer.	
Um mich auf neue Dinge einzustellen, benötige ich Zeit.	
Ich mache nicht gerne Fehler und kann nur schwer damit umgehen.	
Bei Kritik begebe ich mich in eine Verteidigungshaltung.	
Ich neige zu Chaos.	
Ich mag es nicht, wenn man meine Meinung ignoriert oder missachtet.	
Ich leide bei Verletzungen eher im Stillen.	
Ich mag es nicht, wenn man meine Zeit vergeudet.	
Ich gebe die Verantwortung für mich und mein Handeln gerne ab.	
Nein zu sagen, fällt mir schwer.	
Ich fühle mich oft als Opfer.	
Der Kontakt zu Fremden fällt mir schwer.	
Ich merke erst spät, wenn auf der zwischenmenschlichen Ebene Fehler passieren.	
Für mein Wissen werde ich bewundert.	
Ich lese viel.	
Ich verfüge über ein großes Durchhaltevermögen.	
Ich kann meine Zeit gut einteilen.	
Ich kann gut zuhören.	
Ich unterhalte mich gerne mit Menschen, die ähnliche Interessen haben.	

Ich stelle mir viele Sinnfragen.	
Ich philosophiere gerne.	
Treue ist mir wichtig.	
Für Entscheidungen nehme ich mir Zeit.	
Entscheidungen fälle ich nie unüberlegt.	
Gesamtsumme B	

	C
Ich zähle mich zu den Machern.	
Die Kontaktaufnahme zu fremden Menschen fällt mir nicht schwer.	
Ich bin ein Organisationstalent und werde auch von meinem Umfeld so wahrgenommen.	
Ich komme mit allen Projekten zurecht.	
Über anstehende Aufgaben den Überblick zu behalten, fällt mir nicht schwer.	
Ich bin in der Lage, Netzwerke zu schließen und unterschiedliche Personengruppen zusammenzubringen.	
Ich kenne sehr viele Menschen. Andere behaupten deshalb häufig, dass ich Gott und die Welt kenne.	
Bei allem, was ich tue, denke ich über Kosten und Nutzen nach.	
Ich bin ein Ordnungsfanatiker.	
Ich orientiere mich gerne an klaren Regeln. Sie sind für mich wichtig.	
Ich bin ein Freund von Transparenz und klaren Absprachen.	
Weil ich bei der Bewältigung von Aufgaben den Überblick gut behalte, kann ich Gruppen gut anleiten und kontrollieren.	
Die Arbeit im Team bereitet mir Freude.	
Für die meisten Probleme finde ich meist eine schnelle Lösung.	

Traditionen und Rituale sind mir wichtig. Deshalb achte ich sehr darauf, diese einzuhalten.	
Andere Menschen behaupten über mich, dass ich zwar hart sei, aber einen weichen Kern habe. Deshalb wissen sie immer, woran sie bei mir sind.	
Arbeiten ist mir sehr wichtig.	
Für die Menschen, die mir wichtig sind, tue ich alles.	
Das Arbeiten kann ich nur schwer sein lassen. Still sitzen fällt mir schwer, obwohl ich beim Abschalten sehr gut neue Energie tanken kann.	
Werden Regeln und Absprachen gebrochen, ärgert mich das sehr.	
Ich unterstütze andere Menschen gerne, auch wenn ich dafür viel Kraft und Energie aufwenden muss.	
Wenn Menschen undankbar sind, enttäuscht mich das.	
Ich übernehme häufig zu viel Verantwortung.	
Mit Unzuverlässigkeit kann ich nur schwer umgehen. Daher ärgert sie mich sehr.	
Planloses Vorgehen gefällt mir gar nicht.	
Bevor andere Leute Aufgaben zerreden, erledige ich diese lieber selbst, auch wenn ich mich im Nachhinein meist darüber ärgere.	
Anderen Menschen lange und aufmerksam zuzuhören, fällt mir sehr schwer.	
Ich neige zu Oberflächlichkeit, weil mich die Probleme von anderen nur wenig interessieren.	
Wenn es anderen nicht gut geht, merke ich das erst spät.	
Mit meinen Gedanken bin ich oft bereits bei der nächsten Aufgabe, bevor ich eine Aufgabe erledigt habe.	
Meine Freizeit verplane ich oft.	
Ich neige zu Perfektionismus und erwarte diesen auch von den Menschen in meinem Umfeld.	

Ich tue oft mehr, als ich erledigen kann, und bin daher häufig erschöpft.	
Es fällt mir schwer, Pausen einzulegen. Zudem mache ich mir selbst zu viel Druck.	
In Ungerechtigkeiten mische ich mich gerne ein. Wenn ich dafür keine Dankbarkeit erhalte, stößt dies bei mir auf Unverständnis.	
Ich möchte, dass andere Menschen mich sympathisch finden. Aus diesem Grund versuche ich unentwegt, Dinge für andere zu tun.	
Ich bin energisch, burschikos und vehement, wenn es um meinen Standpunkt geht, insbesondere wenn es um die Einhaltung von Regeln und Vereinbarungen geht.	
Mich auf Neues einzulassen, fällt mir unheimlich schwer. Ich brauche hierzu Zeit.	
Ich halte mich für wenig kreativ, weil ich zu praktisch denke.	
Mit dem Verlust der Kontrolle kann ich nicht umgehen.	
Für mich sind Zuverlässigkeit und Vertrauen sehr wichtig.	
Während andere noch sprechen, beginne ich damit, die anstehenden Aufgaben zu erledigen.	
Ich bin gut darin, mir meine Zeit einzuteilen, sodass Zeitdruck für mich ein Fremdwort ist.	
Wenn mir etwas nicht gefällt, spreche ich das umgehend an.	
Ich bin ein Freund von klaren Ansagen.	
Ich bin ein Optimist und sehe das Leben positiv.	
Ich möchte, dass sich meine Pläne praktisch umsetzen lassen.	
Ich habe kein Problem damit, Verantwortung zu übernehmen.	
Für Projekte, die ich für gut befinde, setze ich mich gerne ein.	
Ich weiß immer, welche Ziele ich gerade verfolge.	
Auf Partys bin ich sehr beliebt.	
Ich bin sehr belastbar.	

Meine Energiereserven sind für manche Menschen ein Rätsel.	
Gesamtsumme C	

Auswertung des Persönlichkeitstests

Nachdem du die Aussagen angekreuzt hast, die für deine Person zutreffend sind, trägst du die Ergebnisse aus den einzelnen Bereichen (A, B und C) in die nachfolgende Tabelle ein:

Anzahl der Kreuze im Bereich A = Beziehung	Anzahl der Kreuze im Bereich B = Erkenntnis	Anzahl der Kreuze im Bereich C = Handlung

Wenn du die meisten Kreuze im Bereich A gesetzt hast, entspricht deine Persönlichkeit dem Beziehungstyp. Was dies bedeutet, kannst du nachfolgend herausfinden:

Beziehungstyp

Beziehungstypen orientieren sich innerhalb ihres Denkens und Handelns an ihren Gefühlen. Beziehungstypen möchten attraktiv und anziehend wirken und sind sehr gesellig in ihrem Wesen. Der Freundeskreis ist oft groß. Zudem sind Beziehungstypen einfallsreich und an vielem interessiert. Häufig fehlt ihnen jedoch die Geduld, dieses Interesse zum Ende zu bringen, weshalb sie in einigen Situationen mehr versprechen, als sie halten können. Darüber hinaus zeichnet sich der Beziehungstyp durch regelmäßige Brüche und Neuanfänge aus. Im Teamkontext sorgen Beziehungstypen für eine freundliche Atmosphäre, da sie über ein gutes Einfühlungsvermögen verfügen. Da ihre Stimmung jedoch starken Schwankungen unterliegen kann, sind Beziehungstypen extrem anfällig für die Einwirkungen von der Außenwelt. Dadurch, dass Beziehungstypen grundsätzlich gutgläubig sind, müssen sie die Fähigkeiten zum kritischen Denken und Hinterfragen lernen.

Hinsichtlich seiner Persönlichkeit weist der Beziehungstyp daher die nachfolgenden Eigenschaften auf:

Kommunikativ
Kontaktfreudig
Lebendig
Begeisternd
Gefühlsbetont
Emotional
Verführerisch
Ausdrucksstark
Kreativ
Fantasievoll
Verspielt
Ideenreich
Optimistisch
Freigiebig
Vielseitig
Interessiert

Unvorsichtig
Leichtgläubig
leicht ablenkbar
Unzuverlässig
Unpünktlich
Verschwenderisch
mischt sich zu schnell ein
kann sich schwer konzentrieren

Wenn du die meisten Kreuze im Bereich B gesetzt hast, entspricht deine Persönlichkeit dem Erkenntnistyp. Was dies bedeutet, kannst du nachfolgend herausfinden:

Erkenntnistyp oder auch Sachtyp

Der Erkenntnistyp orientiert sich bei all seinen Interaktionen an seinem Verstand, bevor er handelt. Insgesamt denken Erkenntnistypen lieber, als zu handeln. Bei Themen, die sie besonders interessieren, sind sie wissbegierig und extrem lernwillig. Die Konzentration fällt ihnen hierbei nicht schwer. Sie speichern die Details der Zusammenhänge ab und sind stets an mehr Wissen interessiert. Mit praktischen Aufgaben hingegen tut sich der Erkenntnis- oder Sachtyp schwerer. Hier verhält er sich eher bequem. Unangenehme Dinge werden vertagt, auch wenn sie dringend erledigt werden müssen. Gefühlsäußerungen fallen dem Erkenntnistyp eher schwer, da er seine eigenen Befindlichkeiten nur schlecht einschätzen kann. Wird der Sachtyp mit Komplimenten gelobt, läuft er zu Höchstleistungen auf. Anerkennung führt ihn zu seinen größten Stärken. Fühlt er hingegen Desinteresse oder Missachtung oder gar Ignoranz, verliert er seine Selbstsicherheit. Ebenso verhält es sich mit Kritik. Hierbei fühlt sich der Erkenntnistyp schnell überfordert und zieht sich zurück oder wird verletzend. Im Kontext von Streitsituationen bleibt er lange ruhig. Fallen ihm keine Argumente mehr ein, neigt er dazu, zu explodieren. Dann fühlt er sich schnell als das Opfer seiner Umstände. Im Alltag tendiert der Erkenntnistyp häufig zu Unentschiedenheit und bleibt am liebsten unverbindlich, um keine Verantwortung übernehmen zu müssen. Er hasst zeitlichen Druck und wägt seine Erfolgsaussichten immer genau ab. Erkenntnistypen sind Gewohnheitstiere, weshalb es ihnen schwerfällt, sich von etwas zu trennen, das sich bereits als Gewohnheit etabliert hat. In Beziehungen sowie an einem unerwünschten Arbeitsplatz halten sie daher lange aus, auch wenn sie unter der jeweiligen Situation leiden. Das liegt vor allem daran, dass sie die Sicherheit lieben.

Hinsichtlich seiner Persönlichkeit weist der Erkenntnistyp daher die nachfolgenden Eigenschaften auf:

zurückhaltend
Unauffällig
Still
Nachdenklich
Ernst

Beobachtend
Sachlich
Ruhig
Analytisch
Konfliktscheu
Abwartend
Unverbindlich
Bequem
Effizient
schnelle Auffassungsgabe
trockener Humor

Geizig
Verantwortungsscheu
Unentschlossen
Passiv
Unflexibel
emotional verschlossen
vergesslich
praktisch unbegabt

Wenn du die meisten Kreuze im Bereich C gesetzt hast, entspricht deine Persönlichkeit dem Handlungstyp. Was dies bedeutet, kannst du nachfolgend herausfinden:

Handlungstyp
Der Handlungstyp denkt bei Interaktionen nicht lange nach, sondern wird umgehend aktiv und kommt ins Tun. Ein Handlungstyp zählt daher zu den Machern. Er ist streitlustig und tritt gerne kampfbereit auf, wenn es um die Erreichung seiner eigenen Ziele geht. Verfügt er über überschüssige Energien,

lässt er diese am liebsten bei sportlichen Aktivitäten frei. Er bevorzugt zudem auf der verbalen als auch auf der nonverbalen Ebene eine eindeutige Kommunikation. Der Handlungstyp weiß bei seinen Interaktionen immer, was er als Nächstes tun muss. Er übernimmt gerne die Führung und kann auch kameradschaftlich und fair interagieren. Im Kontext von Konflikten ist der Handlungstyp immer davon überzeugt, im Recht zu sein. Hierbei scheut er sich nicht, andere zurechtzuweisen. Den weichen Kern des Handlungstyps spüren vor allem Tiere, Pflanzen und Kinder. Im Mittelpunkt seines Lebens stehen dennoch seine eigenen Fähigkeiten und Fertigkeiten. Zu seinem höchsten Gut zählen Werte wie die Pflichterfüllung und die Zuverlässigkeit. In einigen Fällen neigt er dabei zu zwanghaftem Perfektionismus. Über Ungenauigkeiten sowie Unzuverlässigkeit ärgert sich der Handlungstyp massiv. Bei der Ausführung von Aufgaben geht der Handlungstyp an seine Grenzen und ignoriert dabei seine eigenen Bedürfnisse und Gefühle. Aus diesem Grund wird er besonders von Vorgesetzten geschätzt, wodurch er im Beruf meist sehr erfolgreich ist. Krankheiten und körperliche Beschwerden erlebt der Handlungstyp als Zumutung und zögert entsprechende Arztbesuche daher oftmals lange heraus. Da er mit seinem Körper schonungslos umgeht, ist ihm der Schlaf besonders wichtig, da er hier Energie tanken kann. Im privaten Umfeld wird der Handlungstyp vor allem für seine Zuverlässigkeit geschätzt. In Gefühlsangelegenheiten zeigen sich Handlungstypen zurückhaltend, da sie ihre Gefühle nur schwerlich äußern können.

Hinsichtlich seiner Persönlichkeit weist der Handlungstyp daher die nachfolgenden Eigenschaften auf:

verantwortungsvoll
Pflichtbewusst
Zuverlässig
tüchtig
Aktiv
Ordnungsliebend
Entschlossen
zielstrebig
Kraftvoll
Kämpferisch

Selbstsicher
Fordernd
Engagiert
Einsatzfreudig
Fair
Gerecht
Hilfsbereit
praktisch veranlagt

Ungeduldig
Fantasielos
Selbstüberschätzend
Negativ
Überkritisch
Perfektionistisch
Zwanghaft
Konservativ
wenig aufgeschlossen

Konntest du kein eindeutiges Ergebnis erzielen, spricht das dafür, dass du zu mehreren Bereichen eine Affinität hast und Eigenschaften von unterschiedlichen Persönlichkeitstypen aufweist.

Neben den Persönlichkeitstypen, die du im obigen Test kennen gelernt hast, gibt es weitere Typen. Ich möchte die Chance nutzen und dir einige Typen vorstellen. Vielleicht erkennst du dich auch in diesen wieder.

Die Persönlichkeit

Jeder Mensch hat individuelle und charakteristische Eigenschaften. Fasst man diese zusammen und nimmt das Temperament hinzu, ergibt sich die Persönlichkeit eines Menschen. Jeder Mensch hat seine eigene Persönlichkeit, welche das Verhalten beeinflusst. Zudem hat die Persönlichkeit auch Einfluss auf die Emotionen und die eigene Einstellung zum Leben. Die Persönlichkeit eines Menschen ist dabei nicht das ganze Leben lang gleich, sondern entwickelt sich immer weiter.

Warum spreche ich das Thema Persönlichkeit in diesem Buch an? Der Grund dafür ist, dass die Persönlichkeit eine wichtige Grundlage für Beziehungen zu anderen Menschen darstellt. Wie eben schon erwähnt, hat jeder Mensch seine eigene Persönlichkeit. Spannend ist, dass sich manche Menschen bezüglich ihrer Persönlichkeit ähnlich sein können. Eine komplette Gleichheit ist jedoch ausgeschlossen. Trotz der individuellen Persönlichkeiten herrschen verschiedene Grundprinzipien vor, welche man übergreifend beobachten kann. Man nennt diese auch Persönlichkeitstypen. Im folgenden Text werde ich dir 20 dieser Persönlichkeitstypen etwas genauer vorstellen.

Der Vorreiter

- Setzt sich gerne von Gruppen ab
- Möchte nicht nur einer von vielen sein
- Kann andere gut motivieren
- Mag Veränderungen
- Ist eine treibende Kraft
- Gibt ein schnelles Tempo vor
- Mag keine Anweisungen
- Ist gerne unabhängig und frei
- Möchte seine Aufgaben bestmöglich erfüllen
- Möchte sich entfalten
- Hat kreative Ideen, welche er gerne für gemeinnützige Zwecke nutzt

Der Designer

- Chaotische Situationen kann er glaubwürdig erscheinen lassen
- Komplexe Herausforderungen werden erfolgreich gelöst
- Übernimmt gerne schwierige Aufgaben
- Arbeitet gerne für sich

- Mag keinen Small Talk
- Intuition und Analyse werden kombiniert

Der Pionier

- Ist ein Macher
- Mag schwierige und herausfordernde Situationen
- Gibt gerne Anweisungen
- Nutzt jede Chance
- Setzt sich Prioritäten
- Setzt Lob und Strafe gleichermaßen ein
- Schnelles Reaktionsvermögen
- Ist entschlossen
- Möchte gerne die Kontrolle und Führung übernehmen
- Mag es, wenn sich das Umfeld ständig verändert, denn dann kann er am besten arbeiten
- Strebt nach Individualität und Entschlossenheit

Der Tempogeber

- Gilt als wahrer Held
- Kann Probleme gut bereinigen
- Kann seine Meinung überzeugend äußern
- Diskussionsrunden sind seine größte Leidenschaft
- Erledigt gerne sinnvolle Aktivitäten
- Ist hervorragend dazu in der Lage, Unterschiede zu erkennen
- Wünscht sich nichts mehr, als mutig und unabhängig zu sein
- Möchte Aufgaben komplett bearbeiten

Der kritische Denker

- Probleme können verhindert werden, davon ist er fest überzeugt
- Einsatz von Verteidigungsstrategien
- Rational
- Vernünftig

- Ausgeprägtes Bewusstsein für richtig oder falsch
- Sammelt gerne Fakten, ehe er etwas riskiert
- Hat den Wunsch nach Ordnung
- Mag keine Feindseligkeiten
- Mag keine unklaren Verhältnisse

Der Erfinder

- Handelt praktisch
- Stellt Fragen
- Findet Lösungen
- Bereitet sich umfassend auf seine Arbeiten vor
- Grenzt sich gerne von anderen ab
- Es erfüllt ihn mit Glück, wenn er alleine arbeiten kann
- Hat zahlreiche Ideen
- Möchte ungestört arbeiten
- Braucht viel Zeit

Der Gutachter

- Taktvoll
- Freundlich
- Legt vorhersehbares Verhalten an den Tag
- Kann analytische Ansätze entwickeln
- Systematisches Vorgehen
- Erwartet Belohnungen
- Überprüft eigene Ideen gerne, ehe er sie umsetzt
- Bedürfnis nach Korrektheit und Qualität

Der Stabilisator

- Sehr geduldig
- Loyal
- Erfüllt gerne seine Pflichten
- Erwartet dies alles auch von seinen Mitmenschen
- Kommuniziert seine Überzeugungen offen

- Eigene Werte werden verteidigt
- Naturbegeistert
- Kann sich gut auf verschiedene Dinge spezialisieren und ist dabei erfolgreich
- Möchte gerne kooperieren
- Strebt nach Zufriedenheit
- Braucht ausreichend Zeit, um sich hervorragend zu entfalten, sich zu ordnen und strategisch vorzugehen

Der Vermittler

- Schlichtet gerne zwischen anderen Menschen
- Neue Methoden können ihn begeistern
- Prüft neue Dinge und sortiert dann gut aus
- arbeitet gerne nach dem eigenen System
- Sehr zuverlässig
- Mag es, verschiedene Wege auszuarbeiten

Der Experimentierer

- Wägt genau ab
- Denkt zu lange über wichtige Entscheidungen nach
- Trifft Entscheidungen besser durch Erfahrung
- Vereinfacht gerne Prozesse
- Gibt genaue Erklärungen
- Skeptisch
- Ist nur nahestehenden Personen gegenüber empathisch
- Ist am liebsten allein
- Neue Ideen werden gerne und gründlich überprüft

Der Entertainer

- Ist ein Clown
- Steht gerne im Mittelpunkt
- Kämpft um die Aufmerksamkeit anderer
- Kann hervorragend Kontakt zu anderen aufbauen
- Verlässt sich darauf, dass andere ihn unterstützen

- Zugehörigkeit, Akzeptanz und Zufriedenheit strebt er an
- Arbeitet gerne ohne Kontrolle
- Er mag es, sich mit verschiedenen Aktivitäten zu befassen

Der Perfektionist

- Konkurriert gerne mit Dingen
- Möchte es anderen immer recht machen
- Geht Kompromisse ein, wenn es nötig ist
- Harte Arbeit zahlt sich immer aus, glaubt er
- Möchte fokussiert und für sich allein arbeiten
- Schafft gerne Ordnung
- Selbstdiszipliniert
- Gewissenhaft
- Mag Arbeiten, die klar strukturiert sind

Der Praktiker

- Er mag harmonische Beziehungen
- Traditionen und Rituale sind ihm wichtig
- Unterstützt gerne andere
- Sachkundig
- Freundlich
- Wenn er enttäuscht wird, wertet er gerne
- Legt viel Wert auf Freundlichkeit und Ehrlichkeit

Der Überzeuger

- Souveränes Auftreten
- Nutzt gerne die Motivation der anderen
- Hat eine überlegte Wortwahl
- Positive Erlebniseinstellungen
- Zieht gerne die Aufmerksamkeit auf sich
- Wird gerne durch andere unterstützt
- Möchte seine Erfolge frühzeitig wiederholen

- Undurchsichtige Situationen sind nicht sein Ding
- Möchte sich gerne selbst behaupten
- Strebt aber gleichzeitig auch besondere Leistungen an
- Er mag den zwischenmenschlichen Kontakt

Der Bewahrer

- Fleißig
- Bietet Sicherheit und Anerkennung
- Schließt gerne Kompromisse
- Teilt gerne Verantwortung
- Überlässt Entscheidungen gerne anderen
- Denkt intensiv nach, bevor er Dinge verspricht
- Legt ein stetiges Tempo vor
- Er braucht detaillierte Aufgabenbeschreibungen, um sich bestmöglich zu entfalten

Der Harmonisierer

- Harmonie ist ihm das Wichtigste
- Bewusste Kontaktaufnahme zu anderen
- Möchte sich ein freundliches Umfeld schaffen
- Der Brückenbauer zwischen Menschen
- Bezieht andere in Entscheidungen ein
- Möchte gerne helfen
- Gutes Empathievermögen
- Bietet immer bestmögliche Unterstützung an
- Akzeptanz, Vertrauen und Loyalität zählen zu seinen wichtigsten Werten

Der Helfer

- Hilfsbereit
- Guter Zuhörer
- Gibt anderen, was sie brauchen
- Scheut keine Mühen

- Ist organisiert
- Offen für neue Ideen
- Anerkennung für andere und deren Leistungen
- Ehrlich
- Fair
- Bedürfnis nach Loyalität und Selbstaufopferung

Der Stratege

- Die Bedürfnisse seiner Mitmenschen erfüllt er gerne
- Herausforderungen hat er gerne im Blick
- Probleme hat er gerne im Blick
- Gute Vorbereitung auf schwierige Situationen
- Improvisiert gerne
- Liefert plausible Begründungen
- Offen für neue Ideen
- Wenn er seine eigenen Ideen umsetzen kann, arbeitet er am besten
- Arbeitet ebenfalls hervorragend, wenn er andere von seinen Ideen überzeugen kann

Der Spezialist

- Hört kritisch zu
- Sucht nach Schwächen und konträren Positionen bei anderen
- Sehr eifrig
- Wachsam
- Sorgfältig
- Verschafft sich durch seine Handlungen und sein Fachwissen Respekt
- Ergebnisse, die ausgewertet werden können, mag er gerne
- Stellt gerne Fragen, auch wenn diese nicht gerade beliebt sind

Der Koordinator

- Kann hervorragend kommunizieren
- Kann ebenfalls gut zuhören

- Stellt gerne und gute Fragen
- Verhandlungskünstler
- Geht gerne Kompromisse ein
- Selbstbewusst
- Stets gut gelaunt
- Gefühle und Fakten werden gleichermaßen benutzt
- Schwimmt gerne gegen den Strom

Kapitel 10: Finanzielle Angelegenheiten

BEDEUTUNG VON GELD

Geld ist das wichtigste Zahlungs- und Tauschmittel des Menschen. Ehe dieses zum Einsatz kam, hat man Waren untereinander ausgetauscht. Zum Beispiel gab es ein Stück Butter gegen eine Tüte Mehl. Irgendwann einigte sich die Gesellschaft darauf, ein Zahlungsmittel einzuführen. Heute ist das gesetzliche Zahlungsmittel gar nicht mehr wegzudenken. Hier bei uns gibt es das Eurowährungssystem, daher nennt man unser Geld auch das Europa-Geld, welches das gesetzliche Zahlungsmittel von vielen europäischen Ländern ist. Das Euro-Bargeld darf nur von Zentralbanken im Eurosystem geschaffen und verteilt werden.

Geld spielt in unserem Leben eine große Rolle, denn wir brauchen es zum einen, um die Dinge zu bezahlen, und zum anderen, um für unsere Arbeiten bezahlt zu werden. Damit die eigene Haushaltsplanung gelingen kann, ist es wichtig, dass jeder junge Mensch lernt, wie man mit seinem Geld umgeht. Im Unterpunkt „Tipps zum Umgang mit Geld“ dieses Kapitels wirst du darüber einiges erfahren.

Welche finanziellen Angelegenheiten kommen auf einen zu?

Als Kind beziehungsweise Jugendlicher hat man noch nicht so viel oder gar keine finanziellen Verpflichtungen. Beginnt das Erwachsenenleben mit der Ausbildung, kommen diese natürlich auf einen zu. Welche das sind, kannst du der folgenden Liste entnehmen.

- Miete
- Schulgeld
- Verpflegung
- Versicherungen
- Kleidung
- Strom
- Telefon
- Fernseher
- Versorgung von Haustieren
- Neuanschaffungen und Renovierung

- Bürobedarf
- Kosten für Bus/Bahn

Was sind Versicherungen und welche braucht man tatsächlich?

Egal, wie vorausschauend ein Mensch lebt, das Leben ist dennoch risikoreich. Damit man für den Ernstfall abgesichert ist, kann man verschiedene Versicherungen abschließen. Hierfür gibt es verschiedene Versicherungsunternehmen, welche ihre Produkte natürlich anpreisen und immer als wichtig erläutern. Damit du später nicht irgendwelche Versicherungen abschließt, welche du gar nicht benötigst, zähle ich dir einige Pflichtversicherungen auf und benenne zudem verschiedene Versicherungen, die überlegenswert und weniger sinnvoll sind.

Pflichtversicherungen

- Krankenversicherung
- Haftpflichtversicherung
- KFZ-Haftpflicht
- Gesetzliche Rentenversicherung

Wichtige Versicherungen

- Hausratversicherung
- Private Haftpflichtversicherung
- Wohngebäudeversicherung
- Auslandsreisekrankenversicherung
- Berufsunfähigkeitsversicherung
- Hundehaftpflichtversicherung
- Risikolebensversicherung

Versicherungen, über die du nachdenken kannst

- Pflegezusatzversicherung
- Kinderinvaliditätsversicherung
- Vollkasko-/Teilkaskoversicherung
- Basisabsicherung Rente
- Betriebliche Altersvorsorge
- Riester

- Zahnzusatzversicherung
- Rechtsschutzversicherung
- Krankenhaus-Zusatzversicherung
- Unfallversicherung
- Reiserücktrittsversicherung

Versicherungen, die man nicht unbedingt braucht

- Kapital- oder fondsgebundene Lebensversicherung
- Rentenversicherung
- Ausbildungsversicherung
- Ambulante Zusatzversicherung
- Restschuldversicherung/Kreditausfallversicherung
- Sterbegeldversicherung
- Handyversicherung
- Tierkrankenversicherung
- Glasbruchversicherung
- Brillenversicherung
- Krankenhaustagegeldversicherung
- Reisegepäckversicherung
- Kinderunfallversicherung

Hinweis: Die Liste ist nur eine Empfehlung/Orientierungshilfe. Welche Versicherungen man abschließen möchte, darf jeder Mensch selbst entscheiden.

Tipps zum Umgang mit Geld

Tipp 1: Überprüfe, in welcher finanziellen Lage du dich befindest.

Tipp 2: Stelle dir einen Masterplan zusammen.

Tipp 3: Checke deine Einnahmen sowie Ausgaben.

Tipp 4: Packe dein Geld an.

Tipp 5: Behalte den Überblick über dein Geld, indem du ein Haushaltsbuch führst.

Tipp 6: Gib nur das aus, was du wirklich hast.

Tipp 7: Schließe niemals sinnlose Kredite ab.

Tipp 8: Schließe Kredite, Versicherungen, Verträge oder Abos nie für andere ab.

Tipp 9: Brauchst du das, was du kaufen möchtest, tatsächlich?

Tipp 10: Nutze Bargeld zum Bezahlen und Karten nur im Notfall.

Tipp 11: Vergleiche die Preise bei verschiedenen Anbietern.

Tipp 12: Notiere deine Online-Einkäufe, damit du den Überblick nicht verlierst.

Tipp 13: Plane deine regelmäßigen Ausgaben immer ein, denn dafür muss das Geld da sein.

Praktische Tipps im Umgang mit deinen Finanzen und wie du diese noch besser überblicken kannst:
Wie du siehst, gehört zum Erwachsenwerden auch der eigenverantwortliche Umgang mit Geld. Das kann bei den Verlockungen, die in der Außenwelt lauern, durchaus auch mal schwierig sein. Willst du deine Ausgaben im Blick behalten, kannst du beispielsweise mit einem Haushaltsbuch arbeiten. Dies kannst du entweder digital, indem du am Computer eine Tabelle anlegst, in der du deine Einnahmen und Ausgaben festhältst, oder aber klassisch mit einem Haushaltsbuch machen. Hierzu reicht ein leeres Notizbuch und ein Stift. Deine Ausgaben und Einnahmen erfasst du mit einem Haushaltsbuch monatlich. So kannst du dir einen guten Überblick darüber verschaffen, wofür du viel Geld ausgibst und wo möglicherweise noch Potenzial zum Sparen schlummert. Wenn du dich nun fragst, welche Posten jeweils bei Einnahmen und Ausgaben erfasst werden, findest du nachfolgend die Erklärung:

Einnahmen
Unter den Einnahmen erfasst du dein Einkommen. Das kann beispielsweise dein Ausbildungsgehalt, sonstige Einnahmen oder dein Taschengeld sein.

Ausgaben
Bei den Ausgaben erfasst du fixe Kosten. Hierzu zählen beispielsweise Faktoren wie Miete (sofern du bereits allein wohnst), die Unterhaltung eines Autos, Versicherungen, Handyvertrag, Ausgaben für die Monatskarte für den öffentlichen Nahverkehr sowie Ausgaben für die Gestaltung deiner Freizeit (zum Beispiel: Kino, Restaurantbesuche, Shopping Trips, ...).

Ein mögliches Beispiel kann dabei wie folgt aussehen:

Monatliches Haushaltsbuch **Monat:___________________**		
Einnahmen		
Datum	**Beschreibung**	**Betrag**
	Gehalt	
	Taschengeld	
	...	
Summe		
Ausgaben – feste Kosten (monatlich wiederkehrend)		
Datum	**Beschreibung**	**Betrag**
	Miete	
	Strom + Gas	
	Internet	
	Fitnessstudio	
	Handyvertrag	
	Netflix-Abonnement	
	...	
Summe		
Ausgaben – variable Kosten		
Datum	**Beschreibung**	**Betrag**
	Lebensmittel	
	Restaurantbesuche	
	Kino	
	Frühstück beim Bäcker	
	Kaffee	
	...	
Summe		

Kapitel 11: Die Bedeutung von Medien und Social Media für junge Erwachsene

Früher war alles anders, hört man ältere Menschen oftmals sagen. Es wäre ja auch schlimm, wenn dem nicht so wäre, denn das würde bedeuten, dass sich der Mensch nicht weiterentwickelt hätte. Zur Zeit deiner Großeltern und Eltern gab es beispielsweise noch keine Social-Media-Kanäle oder sie waren gerade erst im Kommen.

Negative Seiten

Auf der einen Seite sind Facebook und Co. natürlich wunderbar, denn man erhält viele verschiedene Benachrichtigungen zu wichtigen Themen, kann in themenspezifische Gruppen eintreten oder sich mit Freunden und der Familie vernetzen sowie neue Menschen kennenlernen.

Doch auf der anderen Seite hat Social Media tatsächlich auch einige Schattenseiten, welche einen negativen Einfluss auf die Psyche des Menschen haben können. Es gibt kaum einen „Ort", an dem so viel Hassreden und Mobbing stattfinden wie auf diesen Kanälen. Hinzu kommt der Verlust an Respekt anderen gegenüber, denn das geschriebene Wort ist anscheinend einfacher, als die Dinge auszusprechen. Zudem hat man zu seinem Gegenüber eine gewisse Distanz, da jeder hinter seinem Bildschirm sitzt und den anderen nicht sieht.

Doch warum haben diese Kanäle eine so hohe Anziehungskraft, dass sich so viele Menschen vernetzen, Beiträge liken, sich gegenseitig verlinken und teilen, was das Zeug hält? Eine weitere negative Folge ist, dass sehr viel Zeit verloren geht, die eigentlich sinnvoller genutzt werden könnte. Social Media frisst Zeit, wodurch die sozialen Kontakte im realen Leben nicht mehr gepflegt werden. Es geht ja immerhin auch digital.

Viele Statistiken zeigen bereits auf, dass junge Menschen zwischen 14 und 24 Jahren jene sind, welche die sozialen Netzwerke am meisten nutzen und dadurch besonders gefährdet sind. Deine Altersgruppe trifft es also ziemlich genau. Der Grund, warum zu viel Zeit auf Social Media nicht gesund in diesem Alter ist, ist folgender: Die psychosoziale sowie die emotionale Entwicklung sind noch nicht abgeschlossen. Obendrein besteht die Gefahr, dass die Nutzer süchtig werden können. Und wenn du einmal ehrlich zu dir selbst bist, vergeht schnell ziemlich viel Zeit, wenn man erst einmal damit begonnen hat, die vielen Beiträge anzuschauen. Die DAK-Gesundheit und das Deutsche Zentrum für Suchtfragen haben diesbezüglich Untersuchungen durchgeführt, deren Ergebnis belegt, dass die Nutzung der Social-Media-Kanäle tatsächlich süchtig machen kann. Man nimmt sogar an, dass mindestens 2,6 % der Jugendlichen in Deutschland ein Suchtverhalten entwickelt haben.

Weitere negative Folgen:

- Förderung von Depressionen
- Förderung von Ängsten
- Angststörungen
- Unrealistische Erwartungen
- Geringes Selbstwertgefühl
- Schlafstörungen
- Schlechte Schlafqualität
- Verzerrtes Körperbild
- Innerer Druck, perfekt aussehen zu müssen
- Cybermobbing
- Ständiger Kontakt
- Angst, etwas zu verpassen
- Gefühl, ständig verbunden sein zu müssen
- Schlechtere Stimmung
- Geringere Lebenszufriedenheit

Positive Seiten

Ich möchte an dieser Stelle erwähnen, dass die sozialen Netzwerke nicht nur negative Folgen mit sich bringen können, sondern tatsächlich auch positive Aspekte erkennbar sind. Beispielsweise gibt es verschiedene Gruppen zu gesundheitlichen Themen, welchen man sich anschließen kann. In diesen Gruppen kann man sich mit Gleichgesinnten austauschen und erhält oftmals viele nützliche Tipps und Ratschläge, wie man mit einer bestimmten Erkrankung umgehen kann. Diese Gruppen helfen den Betroffenen, zu sehen, dass sie mit ihren Erkrankungen und Problemen nicht alleine sind, was wiederum Kraft spenden und motivieren kann.

Jene Jugendliche, die im realen Leben eher weniger Kontakte zu Gleichaltrigen haben, weil sie sich einfach nicht dazugehörig fühlen oder nicht anerkannt werden, haben in den sozialen Netzwerken die Möglichkeit, Gleichgesinnte zu finden und sich mit ihnen über ihre Interessen auszutauschen. Manchmal entstehen dabei sogar Freundschaften, die sich auch ins reale Leben übertragen lassen.
Vorsicht: Triff dich niemals mit fremden Menschen, die du über Social-Media-Kanäle kennengelernt hast, ohne deinen Eltern, Freunden oder Geschwistern Bescheid zu sagen. Zudem sollten diese Treffen nie an Orten stattfinden, an denen es ringsherum keine anderen Menschen gibt. Auch wenn Fotos verschickt werden, auf welchen Jugendliche zu sehen sind, die ganz nett aussehen, kann es leider möglich sein, dass sich in Wahrheit ein Mensch mit bösen Absichten dahinter verbirgt.

Die sozialen Netzwerke bieten eine Plattform, um sich selbst zu präsentieren und Neues auszuprobieren. Dadurch können sie also auch zur Selbstfindung beitragen. Mit Bildern, Videos oder Texten besteht die Möglichkeit, sich ausdrücken zu können und damit andere zu erreichen. Außerdem lässt sich so auch herausfinden, wer man selbst ist.

Tipps für den Umgang mit Social-Media-Kanälen

- Bewussten Umgang pflegen
- Zeitlimits unter zwei Stunden pro Tag
- Kein Scrollen vor dem Schlafengehen
- Den Tag nicht auf Social-Media-Kanälen starten
- Ruhephasen
- Authentische Vorbilder
- Hinterfrage, wem du folgst
- Cybermobbing vorbeugen durch Sicherheitsvorkehrungen
- Profil auf privat stellen
- Einstellen, dass Fremde keine Nachrichten schicken dürfen
- Nicht alles ist real
- Ganz bewusst medienfreie Zeit schaffen
- Dem realen Leben Aufmerksamkeit schenken

Kapitel 12: Die Gesundheit

Die Gesundheit ist das höchste Gut des Menschen. Wer nicht gesund ist, ist krank. Der Körper hat sozusagen einen Defekt. Erst wenn dieser repariert ist, gilt der betroffene Mensch als geheilt und wieder gesund. Das waren die Gedanken zu früheren Zeiten, wenn es um Gesundheit und Krankheit ging. Heutzutage weiß man bereits, dass dieser Grundgedanke nur auf wenige Krankheiten zutrifft. Bei vielen Krankheiten handelt es sich bei der Entstehung und Heilung um sehr komplexe Probleme, bei welchen das soziale Umfeld, der eigene Körper und die Psyche zusammenspielen.

Sicher hast auch du dich schon einmal unwohl gefühlt oder Schmerzen verspürt. Dein einziger Wunsch war sicherlich, schnellstmöglich herauszufinden, wo die Schmerzen und das Unwohlsein herkamen, und wieder gesund zu werden. So einfach, wie man sich das vorstellt, ist es jedenfalls nicht. Nehmen wir doch einmal Rückenschmerzen als Beispiel. In etwa 80 % der Fälle kann man hier keine genaue Ursache finden. Auslöser für Rückenschmerzen können körperlich sein, beispielsweise wenn man eine falsche Bewegung gemacht hat oder zu schwer gehoben hat. Tatsächlich gibt es hier jedoch noch zahlreiche weitere Ursachen. Es ist erwiesen, dass Krankheiten, welche körperliche Ursachen aufweisen, ebenfalls seelische und soziale Folgen haben können. Diese können die Krankheit verstärken, wodurch sie chronisch wird.

Körperliche Gesundheit

Hier sprechen wir von einem körperlichen Zustand, bei welchem Krankheiten abwesend sind und das Fitnessniveau sehr hoch ist.

Für das allgemeine Wohlbefinden eines Menschen ist die körperliche Gesundheit von großer Bedeutung. Du kannst deine körperliche Gesundheit wie folgt fördern:

- Gesunde Lebensweise
- Gesunde Ernährung
- Sportliche Betätigung
- Regelmäßige Check-ups beim Arzt
- Ein gesundes Umfeld

Mentale Gesundheit

Wenn wir von der mentalen Gesundheit sprechen, reden wir von unserer Psyche. Tatsächlich kann auch unsere Psyche erkranken. Die Folgen hierfür können weitreichend sein. Unter anderem können Mobbing und Überarbeitung zu psychischen Erkrankungen führen. Es gibt viele verschiedene psychische Erkrankungen, beispielsweise Burnout oder Depressionen. Alle körperlichen oder psychischen Erkrankungen hier aufzuzählen, würde den Rahmen sprengen. Ich möchte dir dafür einige Tipps mit auf den Weg geben, wie du deine mentale Gesundheit fördern kannst.

- Vermeide Stress und Hektik
- Sage auch mal Nein und halse dir nicht mehr Arbeit auf, als du schaffen kannst
- Plane die Erledigung deiner Aufgaben und deinen Tagesablauf, um böse Überraschungen zu vermeiden
- Lege regelmäßig Pausen ein, damit sich Kopf und Körper erholen können
- Bewege dich regelmäßig, denn das wirkt sich positiv auf deine Psyche aus
- Ernähre dich gesund, denn das stärkt die mentale Gesundheit
- Nimm dir auch mal Zeit für dich, deine Familie oder deine Freunde
- Schlafe ausreichend, damit sich Körper und Psyche erholen können

Willst du deine mentale Gesundheit stärken, kannst du beispielsweise mit der Ausführung entsprechender Übungen an der Stärkung deiner mentalen Gesundheit arbeiten. Damit du eine konkrete Vorstellung davon erhältst, findest du nachfolgend einige Übungen mit Anleitung zum Nachmachen.

Übungen zur Stärkung deiner mentalen Gesundheit

Übung 1 – Journaling

Die Methode des Journaling dient neben der Stärkung deiner mentalen Gesundheit auch dazu, dich selbst besser zu reflektieren. Zudem soll dein Blick auf das Positive gelenkt werden. Für die Umsetzung beantwortest du für diese Übung am Morgen zwei Fragen:

✓ Was habe ich gestern besonders gut gemacht?

✓ Was mache ich heute für mich?

Wie du bereits erkennen kannst, lenkt die erste Frage deine Aufmerksamkeit auf deine Stärken. Auf diese Weise machst du dir deine eigenen Stärken bewusst, die in der Hektik des Alltags nicht selten untergehen.
Mit der zweiten Frage gönnst du dir eine bewusste Auszeit, die nur dir selbst dient. Hierbei ist es egal, ob es sich um eine Tasse Tee, einen Spaziergang an der frischen Luft, ein gutes Buch, etwas Musik oder ein warmes Bad handelt. Tu, was dir guttut.

Damit diese Übung ihre Wirksamkeit entfaltet, solltest du sie am Morgen durchführen und täglich wiederholen. So startest du bereits gestärkt in den Tag.

Übung 2 – Lerne, nein zu sagen

Einige Menschen versuchen, es ihren Mitmenschen immer recht zu machen. Das kostet viel Energie und ist anstrengend. Zudem bleiben die eigenen Bedürfnisse nicht selten auf der Strecke. Mache dir deshalb bewusst, dass du dich nicht immer und überall anpassen musst. Auch musst du nicht jeder Auseinandersetzung aus dem Weg gehen und darfst deine eigenen Grenzen wahrnehmen. Sage nicht immer gleich Ja. Vielmehr solltest du dich trauen, auch mal Nein zu sagen, wenn dies dein Wunsch ist. Wenn du nicht umgehend Nein sagen möchtest, kannst du dich auch mit Äußerungen wie „Ich lasse mir das gerne durch den Kopf gehen und melde mich bei dir" aus der Situation lösen. Bedenke dabei immer, dass du nicht jedem Menschen gefallen musst und auch nicht gefallen kannst. Dir gefallen auch nicht alle Menschen. Erkenne dabei vor allem deine eigenen Grenzen an und stehe für dich selbst ein, indem du anderen mitteilst, wie du behandelt werden möchtest. Akzeptiere hier vor allem, dass dich im Leben niemals jeder Mensch mögen wird, und das ist völlig in Ordnung.

Übung 3 – Visualisiere deine Ziele

Überlege dir genau, was du gerne erreichen und welche Ziele du in deinem Leben verfolgen möchtest (diese können jederzeit angepasst werden und sind nicht endgültig). Versuche, dir dabei ein genaues Bild davon zu machen, wie du dir dein Ziel vorstellst. Diese Methode bezeichnet man als Visualisierung. Sie wird auch häufig von Sportlern eingesetzt, bevor sie in einen Wettkampf gehen. Hierbei gehen sie die Strecke bis zum Ziel gedanklich ab und überlegen sich, wie es sein wird, wenn sie dieses Ziel erreichen. Die Visualisierung deiner eigenen Ziele wird dich antreiben und motivieren und dir dabei helfen, sie zu erreichen.

Übung 4 – Meditation für mehr Ruhe und Gelassenheit

Möchtest du im Alltag zu mehr Ruhe und Gelassenheit finden, kannst du dich der Methode der Meditation für die Stärkung deiner mentalen Gesundheit bedienen. Sie unterstützt dich dabei, Ängste und Stress loszulassen, und fördert sowohl deine Konzentration als auch deine Selbstdisziplin. Außerdem fördert sie deine Klarheit und Selbsterkenntnis. Zu einer Meditation kannst du dich auf verschiedenen Kanälen (YouTube oder Streamingdienste) anleiten lassen. Hier findest du eine Vielzahl von Mediationen, bei denen du aus unterschiedlichen Themen wählen kannst. Wenn du nicht auf einen entsprechenden Dienst zurückgreifen möchtest, kannst du auch selbst aktiv werden. Hierzu konzentrierst du dich für die Meditation auf deinen Atem. Dabei achtest du darauf, dass deine Gedanken nicht abschweifen. Solltest du abschweifen, lenkst du deine Konzentration wieder bewusst auf deine Atmung. Mit etwas Zeit und Übung wird dir das bei jedem Versuch leichter fallen. Achte bei der Durchführung der Übung darauf, dass du nicht gestört wirst und dich an einem ruhigen Ort befindest.

Kapitel 13: Der Sinn des Lebens

Was ist eigentlich der Sinn unseres Lebens? Warum sind wir auf der Erde? Weshalb leben wir das Leben, welches wir leben? Die Frage nach dem Sinn des Lebens kann man immer wieder diskutieren und man wird nie zu einem Ergebnis kommen, welches alle Diskussionspartner auf einen Nenner kommen lässt.

Der Sinn des Lebens sieht für jeden anders aus. Jeder Mensch muss selbst herausfinden, worin für ihn der Sinn des Lebens besteht. Zur Anregung habe ich dir einige Beispiele von Aussagen zusammengestellt, welche andere Menschen zu diesem Thema bereits geäußert haben. Vielleicht passt die eine oder andere Aussage ja auch zu deiner Meinung bezüglich des Themas?

„Es ist die Verkündigung gewesen: es kommt alles darauf an, dass Du, Mensch, der Du heute und hier lebst, glücklich lebst. Du bist nicht da für einen Gott und seine Kirche und nicht für einen Staat und nicht für eine Aufgabe der großmächtigen Kultur. Du bist da, um Dein einziges, einmaliges Leben mit Glück zu füllen. Diese Entdeckung trägt den Namen Epikur."

Ludwig Marcuse in „Philosophie des Glücks"

„Manchmal vermag uns ein durch den Asphalt brechender Löwenzahn die tägliche Frage nach dem Sinn des Lebens eindrücklicher und überzeugender zu beantworten als eine ganze Bibliothek philosophischer Schriften."

Thornton Wilder (1897-1975), US-amerikanischer Erzähler und Dramatiker

„Ziel des Lebens ist die Selbstentwicklung. Das eigene Leben völlig zur Entfaltung zu bringen, das ist unsere Bestimmung."

Oscar Wilde (1854-1900), irischer Schriftsteller

„An Gott glauben, heißt sehen, dass das Leben einen Sinn hat."

Ludwig Wittenstein (1889-1951), österreichisch-britischer Philosoph

„Seien Sie nett zu Ihren Nachbarn, vermeiden Sie fettes Essen, lesen Sie ein paar gute Bücher, machen Sie Spaziergänge und versuchen Sie, in Frieden und Harmonie mit Menschen jeden Glaubens und jeder Nation zu leben.“

Fernsehsprecher (Michael Palin) im Film „Der Sinn des Lebens“ von Monty Python

Worin besteht für dich selbst der Sinn des Lebens? Notiere hier deine Gedanken:

Kapitel 14: Glaubenssätze und Motivation

Was sind eigentlich Glaubenssätze und wie funktionieren diese? Hierbei handelt es sich um Sätze, welche uns unsere innere Stimme immer wieder sagt. Diese beeinflussen und prägen unsere Gedanken und Wahrnehmungen. Man kann auch sagen, dass es sich hierbei um ungeschriebene Gesetze handelt, oder Unwahrheiten, von welchen wir vollkommen überzeugt sind.

Glaubenssätze werden uns durch unsere innere Stimme immer wieder vorgesagt, wodurch sie erheblichen Einfluss auf unser Denken und Handeln haben. Leider ist es oft der Fall, dass die Glaubenssätze negativ behaftet sind.

Hier einige Beispiele dafür:

- Das schaffe ich nie im Leben.
- Die Aufgabe ist viel zu anstrengend für mich.
- Wie soll ich das nur lösen? So schlau bin ich nicht.
- Mir mangelt es an Zeit dafür.
- Ich bin sowieso nicht so gut wie die anderen.
- Das habe ich noch nie hinbekommen.

All diese Sätze sind nur wenige, denn tatsächlich gibt es eine große Vielzahl von negativen Glaubenssätzen, die sich in unseren Gedanken festgesetzt haben.

Wie aber kann man gegen diese negativen Glaubenssätze vorgehen? Die Antwort lautet Affirmation. Mit anderen Worten: Man muss die negativen Glaubenssätze einfach umwandeln und positiv formulieren.

Beispiel:
Das ist eine schwere Aufgabe, aber ich bleibe dran und schaffe das.

Willst du deine Denkweise verändern, kannst du hierzu beispielsweise auch auf Übungen zurückgreifen, mit denen du negative Glaubenssätze loswerden kannst. Damit du dich daran selbst ausprobieren kannst, findest du nachfolgend einige Übungen mit einer Anleitung zum Nachmachen.

Übungen, um negative Glaubenssätze loszuwerden

Übung 1 – Affirmationen

Mit dem Begriff Affirmationen werden positive Überzeugungen bezeichnet, die durch eine stetige Wiederholung in deinem Unterbewusstsein verankert werden sollen. Hierzu schreibst du dir drei bis fünf Affirmationen auf und wiederholst diese täglich. Hierzu kannst du diese entweder laut aufsagen oder dich im Spiegel dabei betrachten. Auch in Gedanken kannst du die Affirmationen durchgehen. Achte darauf, dass deine Affirmationen keine Verneinungen enthalten und ausschließlich positiv besetzt sind. Wähle die Affirmationen so, dass sie zu dir passen. Beispiele für Affirmationen können dabei Sätze wie die folgenden sein:

- Ich akzeptiere meine Grenzen.
- Ich verdiene es, glücklich zu sein.
- Ich bin in der Lage, meine Ziele zu erreichen.
- Ich glaube an mich.
- Ich lasse negative Dinge los.
- Ich gebe mir die Erlaubnis zu tun, was richtig für mich ist.
- Ich bin dankbar dafür Menschen in meinem Leben zu haben. die mich wertschätzen.
- Ich brauche niemanden, um mich geliebt zu fühlen.
- Ich nehme mir die Zeit, um mich um meinen Körper zu kümmern.
- Hindernisse sind Chancen für meinen eigenen Fortschritt.

Übung 2 – negative Glaubenssätze im Alltag erkennen

Viele Menschen sind sich nicht darüber bewusst, dass ihr Alltag von negativen Glaubenssätzen begrenzt wird. Sie schleppen diese Überzeugungen meist jahrzehntelang mit sich herum und halten sie für bare Münze. Daher ist es wichtig, dass du lernst, deine eigenen Gedanken zu filtern und negative Glaubenssätze zu erkennen. Am besten gelingt das, indem du im Alltag achtsam bist. Das heißt, beobachte deine Gedanken genau. Was geht dir durch den Kopf? Was davon bringt dich wirklich weiter? Welche Denkweisen schränken dich eher ein? Am besten führst du für diese Übung ein Notizbuch mit dir, in dem du deine negativen Glaubenssätze festhältst. Hier kannst du auch negative Glaubenssätze festhalten, über die du dir bereits bewusst bist. Bei der Umsetzung dieser Übung kann es hilfreich sein, wenn du an Lebensbereiche denkst, mit denen du eher unzufrieden bist. Auch negative Emotionen sind ein Signal dafür, dass sich irgendwo negative Glaubenssätze verstecken. Nachdem du diese Liste erstellt hast, kannst du beginnen, die alten (negativen) Glaubenssätze umzuwandeln. Hierzu behandelst du jeden Glaubenssatz Punkt für Punkt. Indem du dir deine Glaubenssätze laut vorliest, wirst du feststellen, wie absurd sie zum Teil sind, wenn sie laut ausgesprochen werden. Im Anschluss leitest du aus negativen Glaubenssätzen positive Glaubenssätze für die Zukunft ab. Damit sich diese festigen, wiederholst du sie täglich.

Beispiele für die Umwandlung von Glaubenssätzen:

- Ich bin nicht gut genug.
→ Ich reiche vollkommen aus, auch wenn ich nicht perfekt bin. Niemand ist perfekt.

- Ich werde nie Karriere machen.
→ Ich bin ein lernfähiger Mensch und habe genügend Kompetenzen, um Karriere zu machen, auch wenn der Weg steinig ist.

- Ich habe das nicht verdient.
→ Ich bin es wert!

- Ich bin zu dumm
→ Ich kann eine ganze Menge und lerne täglich Neues dazu!

Im folgenden Text habe ich einige positive Glaubenssätze zusammengetragen, welche dabei helfen können, die negativen Gedankenmuster zu durchdringen, damit auch du das Bestmögliche aus dir selbst herausholen kannst.

Diese Ausbildung werde ich für mich machen

Man hat sich für eine Ausbildung entschieden und prompt gibt es andere, welche einem ausreden wollen, diesen Beruf zu erlernen. Immer wieder wird versucht, diese Ausbildung schlechtzureden. Wenn du dir aber immer wieder klarmachst, dass du diese Ausbildung nur für dich machst, können dir die negativen Aussagen der anderen nichts mehr anhaben. Zudem geht es auch niemanden etwas an, was du aus deinem Leben machen möchtest.

Ich werde stolz auf mich sein

Wenn du kleine Aufgaben erledigst, kannst du durchaus stolz auf dich sein. Erkenne auch die kleinen Leistungen an. Stell dir nur einmal vor, wie gut es dir gehen wird, wenn du häufiger stolz auf dich selbst bist.

Ich muss einzig und allein mir selbst etwas beweisen
Lasse dich von niemandem unter Druck setzen. Du entscheidest, was gut und richtig für dich ist und mit welchem Tempo du bei der Erledigung mancher Aufgaben vorangehst. Lasse dich nicht davon beeinflussen, was andere über dich und dein Tun denken.

Ich muss meine Aufgaben nicht perfekt erledigen
Kein Mensch kann alles perfekt erledigen. Niemand kann es allen recht machen. Lege deinen Perfektionismus ab und höre auf, dich auszubremsen.

Ich werde mir gute Noten verdienen
Jeder Mensch hat es verdient, gute Noten zu bekommen, insofern er dafür auch etwas tut. Setze dir klare und eigene Ziele, denn damit kannst du dich am besten motivieren.

Ich schaffe das, egal, wie schwierig die Aufgaben sein werden
Halte durch und achte immer auf die kleinen Ziele, die du bereits erreicht hast. Merke dir, dass der Weg das Ziel ist. Mit jedem Teilschritt, den du erreichst, kommst du deinem Hauptziel immer näher.

Fehler sind zum Lernen da
Kein Mensch ist fehlerfrei. Und wer behauptet, er sei es, der lügt. Niemand kann alles wissen und richtig machen. Zudem braucht man Fehler, um zu lernen. Fange noch heute damit an, deine eigenen Fehler zu akzeptieren, und schaue, was du daraus lernen kannst.

Aller Anfang ist schwer, aber dann wird es leichter
Mache den ersten Schritt und schon hast du die größte Hürde gemeistert. Alles, was danach kommt, kann nur noch einfacher werden. Wenn du dich Schritt für Schritt durchkämpfst, willst du deinem Ziel immer näher kommen.

Meine eigenen Schwächen sind mir bekannt
Jeder Mensch hat Stärken, gleichzeitig aber auch Schwächen. Erkenne deine Schwächen an und finde heraus, wie du dich vielleicht verbessern kannst. Halte dir dabei immer wieder vor Augen, dass niemand perfekt ist und das auch nicht sein muss.

Ich kenne meinen Weg
Lasse dir von niemandem einreden, dass du einen ganz anderen Weg zu gehen hast. Du weißt, wohin du möchtest und wer du sein willst. Lasse dich

nicht von anderen von deinem Weg drängen und gehe ihn in deinem eigenen Tempo weiter.

Um meine Ziele zu erreichen, muss ich mich von niemandem ausbeuten lassen

Deine Ziele sind deine Ziele. Wenn andere dir helfen möchten, diese zu erreichen, ist das wunderbar. Du musst dich jedoch von niemandem ausbeuten lassen, um schneller voranzukommen. Schaue mit Bedacht auf die Angebote der anderen und wäge ab. Das Wichtigste ist, dass du dich selbst gut behandelst und ehrlich zu dir bist.

Erfolgreich und glücklich werde ich sein

Manchmal hat man schlechte Phasen und glaubt, nichts geht mehr vorwärts. Doch nach jedem Regen scheint auch wieder die Sonne. Manchmal sind anstrengende Phasen im Leben wichtig, damit man die guten Phasen später besser wertschätzen kann. Bleibe optimistisch und verfolge deine Ziele, denn der Aufwand wird sich allemal lohnen

Schlusswort

An dieser Stelle möchte ich die Chance noch einmal nutzen, um dir zu deinem großartigen Tag zu gratulieren. Dieser Ratgeber soll dich auf deinem neuen Lebensabschnitt begleiten.

Ich hoffe, dass du dir einiges aus diesem Ratgeber mitnehmen konntest, was du für deinen weiteren Lebensweg nutzen kannst.

Als Jugendlicher, der nun zu den jungen Erwachsenen zählt, steht einem die Welt noch vollkommen offen. Es gibt so vieles zu entdecken, du musst nur hinaus in die Welt gehen und den Mut haben, Neues auszuprobieren, dich selbst besser kennenzulernen und dich weiterzuentwickeln.

Abschließend möchte ich dir noch etwas verraten:

- Wenn ich gewusst hätte, dass man so viele verschiedene Lerntechniken und Strategien zur Auswahl hat, wäre aus mir bestimmt ein besserer Schüler geworden.
- Wenn ich gewusst hätte, dass es so viele verschiedene Typen von Menschen gibt, hätte ich nicht so lange versucht, herauszufinden, wer ich bin.
- Wenn ich gewusst hätte, welche Versicherungen tatsächlich sinnvoll sind, hätte ich nicht so viel unnötiges Geld ausgegeben.
- Wenn ich gewusst hätte, dass es ein langer Prozess ist, ehe man sich selbst richtig kennenlernt, wäre ich als Jugendlicher nicht so verzweifelt gewesen.
- Wenn ich gewusst hätte, wie man sein Geld sinnvoll anlegt und beisammen hält, hätte ich viele Dinge wahrscheinlich nicht gekauft.
- Wenn ich gewusst hätte, was für die körperliche und mentale Gesundheit tatsächlich gut ist, hätte ich schon früher angefangen, mehr auf mich zu achten.

Wenn der Fuchs nicht geschissen hätte, hätte er den Hasen gefangen. Aber den hat er nun einmal nicht bekommen. Stell dir mal vor, der Fuchs würde weiterhin so denken und sich Gedanken darüber machen, wie sein Leben verlaufen wäre, wenn er dieses oder jenes nicht getan hätte ...

Die Dinge sind nun einmal so, wie sie sind. Manchmal muss man dies einfach akzeptieren, um im Leben weiter voranzukommen. Also, worauf wartest du noch? Gehe in die Welt hinaus und mache deine eigenen Erfahrungen.